看视频学修车系列

汽车涂装入门

（彩色图解+视频）

主　编　罗辰星　梁志滔

副主编　谭运良　麦家辉

参　编　黄鸿涛　李中华　黄志鹏

机械工业出版社

本书是一本全面介绍汽车喷涂技术的实用指南类图书，内容涵盖了汽车喷涂各方面的相关知识和操作技术。本书内容主要包括汽车喷涂基础、喷涂设备维护、底材处理、车漆颜色的调配与喷涂和面漆喷涂后的修整五大部分。全书强调理论与实践相结合，介绍了喷涂、涂料等方面的基础理论，喷涂设备、工具使用知识，色彩调配原理等，并结合丰富的案例和图示，提供了详细的喷涂工艺技术细节和操作指导。

　　本书适合汽车维修专业技术人员，尤其是汽车喷涂技师参考和学习，也可作为汽车维修相关专业学生的学习用书。

图书在版编目（CIP）数据

汽车涂装入门 ：彩色图解+视频 / 罗辰星，梁志滔主编. -- 北京 ：机械工业出版社，2025. 4. --（看视频学修车系列）. -- ISBN 978-7-111-78112-7

Ⅰ. U472.44-64

中国国家版本馆CIP数据核字第2025LL5564号

机械工业出版社（北京市百万庄大街22号　邮政编码100037）

策划编辑：母云红　巩高铄　　　　　责任编辑：母云红　巩高铄　丁　锋
责任校对：赵　童　李可意　景　飞　　封面设计：张　静
责任印制：单爱军

中煤（北京）印务有限公司印刷

2025年6月第1版第1次印刷

184mm×260mm·9.25印张·192千字

标准书号：ISBN 978-7-111-78112-7

定价：79.90元

电话服务　　　　　　　　　　　网络服务

客服电话：010-88361066　　　　机 工 官 网：www.cmpbook.com
　　　　　010-88379833　　　　机 工 官 博：weibo.com/cmp1952
　　　　　010-68326294　　　　金 书 网：www.golden-book.com
封底无防伪标均为盗版　　　　机工教育服务网：www.cmpedu.com

前　言

在现代汽车工业发展中，汽车喷涂作为车身制造与维修的核心环节之一，扮演着不可或缺的角色。喷涂技术不仅决定了汽车外观的美感，还对车身的防腐蚀性能、耐久性和价值提升起到至关重要的作用。本书旨在为广大汽车维修从业人员、职业院校学生以及汽车改装从业者提供一本系统性强、实用性高的指导书。本书的编写立足于行业技术发展趋势，结合编者多年的实践经验，对汽车喷涂技术的基础知识与实际应用进行了全面梳理与总结。本书内容涵盖了从设备选择与维护到实际喷涂工艺实施的全过程，既关注理论深度，又注重操作细节。

在本书编写过程中，我们特别关注了以下几个方面。

首先，强调基础知识的重要性。书中从喷涂设备、工具及涂料的基础知识讲起，帮助读者掌握喷涂工艺的基本原理。这部分内容不仅适用于初学者，也能为经验丰富的技术人员提供参考，便于进一步理解喷涂过程中可能出现的问题及其解决方法。

其次，注重实践与应用。为了让读者能够将理论知识与实际操作紧密结合，书中对喷涂工艺的每一个环节都进行了详细讲解，包括底材处理、颜色调配、底漆与面漆的喷涂工艺等。特别是针对不同涂料的特性和喷涂技巧，本书给出了具体的建议和操作流程。

再次，聚焦环境保护与安全。本书系统分析了喷涂过程中可能产生的污染源及其对环境的影响，并提出了符合环保要求的改进措施，如水性漆的应用和喷涂废气治理方法。同时，书中也特别强调了喷涂作业的安全防护措施，旨在减少操作人员接触有害物质的风险。

本书结构清晰，内容层层递进。第一章介绍了汽车喷涂的基础知识，为后续章节奠定理论基础；第二章到第四章详细解析了喷涂设备的使用与维护、底材处理及车漆颜色的调配与喷涂；第五章则主要着眼于面漆喷涂后修整的常见问题及解决方法。同时，每章配有丰富的插图和案例，以增强可读性和实操性。本书还配有实操视频，具体可扫下方二维码查看。

在本书的编写过程中，得到了众多行业专家的支持与帮助，在此，我们对所有为本书付出努力的同仁表示诚挚的感谢。同时，由于编者经验有限，书中难免存在不足之处，恳请读者批评指正。

编者

目 录

前　言

第一章
汽车喷涂基础
01

一、汽车车身喷涂设备 　　　　　　　　...001
二、汽车车身喷涂工具 　　　　　　　　...005
三、汽车车身喷涂安全防护及注意事项 　...008
四、涂料基础知识 　　　　　　　　　　...010
五、汽车漆层的组成 　　　　　　　　　...013
六、汽车车身喷涂工艺 　　　　　　　　...014

第二章
喷涂设备维护
02

一、供气系统的维护 　　　　　　　　　...016
二、烤漆房的使用与维护 　　　　　　　...018
三、干打磨设备的使用与维护 　　　　　...020
四、喷枪的使用与维护 　　　　　　　　...029

第三章
底材处理
03

一、底材处理概述 ...042
二、车身遮蔽防护 ...048
三、羽状边打磨 ...059
四、原子灰的刮涂 ...065
五、原子灰的干燥 ...077
六、原子灰的打磨 ...078
七、中涂底漆的打磨 ...082

第四章
车漆颜色的调配与喷涂
04

一、车漆颜色的调配 ...084
二、底漆的喷涂 ...098
三、单工序面漆的喷涂 ...103
四、双工序面漆的喷涂 ...107
五、三工序面漆的喷涂 ...110
六、水性漆的喷涂 ...116

第五章
面漆喷涂后的修整
05

一、汽车车身涂膜的缺陷与防治 ...119
二、划痕处理 ...136
三、车漆受损常见情况 ...141

CONTENTS

汽车涂装入门

第一章　汽车喷涂基础

一、汽车车身喷涂设备

1. 压缩空气供给系统

压缩空气供给系统用于提供充足的满足预定压力值的压缩空气，以确保喷涂车间所有的气动设备都能有效的工作。

压缩空气供给系统主要包括空气压缩机（气泵）、空气净化设备、空气输送管道及压力调节装置等（图1-1-1）。

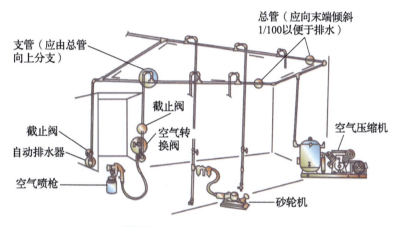

支管（应由总管向上分支）

总管（应向末端倾斜1/100以便于排水）

截止阀

截止阀

空气转换阀

自动排水器

空气压缩机

空气喷枪

砂轮机

图1-1-1　压缩空气供给系统

（1）空气压缩机

空气压缩机（图1-1-2）以电动机为动力，将空气压力升到规定的压力值，为气动设备提供动力，是现代汽车修理厂必不可少的设备。目前使用的空气压缩机根据工作原理分为活塞式、螺杆式和膜片式三类，普遍使用的是活塞式和螺杆式。

（2）储气罐

储气罐（图1-1-3）用来储存空气压缩机所产生的压缩空气。储气罐的工作压力必须大于车间工具所需压力，其作用如下。

图 1-1-2　空气压缩机

1）储存一定压力和容积的压缩空气。

2）排水。

3）保持气压和气流量的平衡。

4）避免空气压缩机的频繁起动。

（3）冷干机

空气经压缩后，大气中的水蒸气会凝结形成大量水分。如果不加处理会造成管路腐蚀，甚至导致设备故障，影响产品品质。冷干机通过低温对压缩空气进行干燥，除去其中水分。

图 1-1-3　储气罐

（4）调节工具

1）压缩空气调压阀：压缩空气调压阀可实现自动控制，确保气压稳定，同时还能显示调节后的气压和进气管道的气压值。

2）自动卸载器：自动卸载器俗称安全阀。当储气罐内压力达到最大值时，自动卸载器开启，罐内压缩空气排向大气，使压缩机空转；当压力降低到一定值时，在弹簧弹力作用下，自动卸载器关闭，压缩机恢复正常工作状态。自动卸载器调节的最大压力和最小压力可以通过调节螺钉进行调整（图1-1-4）。

（5）油水分离器（空气过滤器）

油水分离器（图1-1-5）可将油、脏东西和水分从压缩空气中分离出来，过滤和吸收

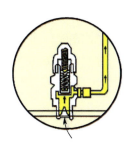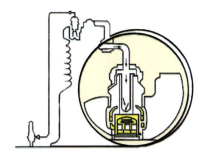

　　a）安全阀开启　　　b）压缩空气与大气相通，达到卸载、保护压缩机的目的

图 1-1-4　自动卸载器

水分，显示调节后的空气压力，从而从空气出口只输出清洁、干燥的空气。装有控制阀的空气出口可将压缩气体分配到需要的工作地点。排水阀则可以排放包含油、脏东西、水气的沉积物。

1—压力调节旋钮
2—固定螺套
3—隔膜和调压阀（内部）
4—气压表（第2节滤芯进口压力）
5—空气进口（1/2in内螺纹）
6—连接螺钉（侧面，图中未标出）
7—第1节过滤器外壳（经防腐处理）
8—旋风分离器
9—自动排水阀
10—冷凝水排泄管
11—第2节过滤器外壳（经防腐处理）
12—纤维棉滤芯（建议更换周期为6个月，图中未标出）
13—两个空气出口（1/4in外螺纹）
14—球阀
15—气压表（第2节过滤出口压力）
16—黄铜滤芯（建议每6个月清洗一次）
17—活性炭滤芯（建议更换周期为3个月）
18—标签：活性炭饱和显示指示卡标签

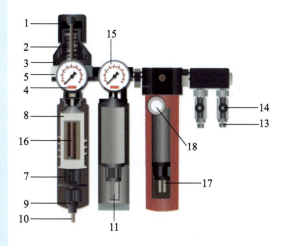

图 1-1-5　空气过滤器

2. 喷烤漆房

（1）喷烤漆房的作用

　　喷烤漆房（图1-1-6）的作用是提供干净、安全、照明良好、温度可控的喷漆、烤漆环境，使喷烤漆过程不受灰尘、漆雾的干扰，提高喷烤漆的质量和效率，减少喷涂操作人员可能吸入的漆雾和溶剂雾气，并能安全排放掉车身喷涂时产生的挥发性气体，同时限制排放浓度，以满足法律要求。

　　喷烤漆房不仅关系到喷漆质量，还关系到喷涂操作人员的身体健康及环境保护，同时也是出于安全的需要，能避免溶剂蒸气和空气的易爆混合物的积聚。

（2）喷烤漆房的组成

喷烤漆房主要包括房体（墙板多为彩钢板或岩棉板，底部为钢格栅）、空气过滤系统（顶棉和底棉）、送排风系统（离心风机）、照明系统、加热系统、控制系统等部分（图1-1-7）。

图1-1-6　喷烤漆房　　　　　　　　　　图1-1-7　喷烤漆房的组成

（3）喷烤漆房的工作原理

喷烤漆房通常是集喷漆与烤漆为一体的喷烤两用房，其工作原理主要分为喷漆和烤漆两个过程。

喷漆时，外部空气经过初级过滤网过滤后，由风机送到房顶，再经过顶部过滤网过滤净化后进入房内。房内空气采用全降式，以0.2~0.3m/s的速度向下流动，使喷漆产生的漆雾颗粒不能在空气中停留，而直接通过底部出风口被排出烤漆房，底棉将喷漆房中产生的漆雾和其他污染物过滤掉，使排入大气的气体无污染。

烤漆时，风门调至烤漆位置，热风循环，烤房内的温度迅速升高到预定干燥温度。风机将外部新鲜空气进行初过滤后，与热能转换器发生热交换后送至烤漆房顶部，再经过二次过滤净化，热风经过风门的内循环作用，除吸收少量新鲜空气外，绝大部分热空气又被继续加热利用，使烤漆房内温度逐步升高。当温度达到设定的温度时，燃烧器自动停止。当温度下降到低于设定温度时，燃烧器自动开启，使房内温度保持恒定（图1-1-8）。

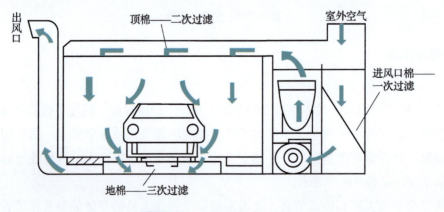

图1-1-8　喷烤漆房的工作原理

二、汽车车身喷涂工具

1. 喷枪

喷枪（图1-2-1）的作用是利用压缩空气对进入喷枪的涂料进行雾化，形成雾状射流，雾化的涂料在喷流中被分裂成微小且均匀的液滴，喷覆在车身表面，形成厚度均匀且有光泽的薄膜。

2. 红外线烤灯

红外线烤灯（图1-2-2）是一种可移动、方便的小工件烤干设备，它依靠被照物吸收光能转换成热能，而使物体升温。短波红外线烤灯工作温度可达到150℃，并且具有多段温度调整和时间控制调整功能。红外线烤灯适用于所有可加热固化的涂料的烘干和干燥工序。

图1-2-1　喷枪　　　　　　图1-2-2　红外线烤灯

3. 打磨设备

打磨是整个汽车修补流程中较为费时间的工序，使用打磨机可以大大缩短打磨的时间，降低操作人员的劳动强度，提高打磨质量。打磨设备如图1-2-3所示。

4. 电子秤

电子秤（图1-2-4）又称为配色天平或调漆秤，用于精确地称量涂料的质量，是一种可辅助计算适当混合配比的专用称量设备。常用电子秤的量程可达7500g，其精确度为0.1g，汽车调色时利用电子秤称量颜色配方中各色母的质量。

5. 调漆架

调漆架又称为涂料搅拌机，是用来存放和搅拌色母的调色设备，由电动机、存放架

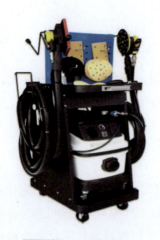

图1-2-3　打磨设备

图1-2-4　电子秤

和搅拌爪等组成，如图1-2-5所示。

6. 比色灯箱

比色灯箱（图1-2-6）又称为目视比色箱、对色灯箱、标准光源对色灯箱，是在光线不好的情况下模拟自然光环境，用来检测货品颜色偏差的调色用照明设备。精确的比色，需要将试板与标准板在不同的标准光源下对比，所以调漆间需要配备标准比色灯箱。

图1-2-5　调漆架

图1-2-6　比色灯箱

7. 烘箱

烘箱又称为电热干燥箱，是一种强制烘干试验样板的烘干设备，其工作原理是发热管通电后发热，经过风机利用空气流动将热量带到工作室内部，在工作室内与被烘烤物品进行热量交换，以达到烘烤或干燥的目的，如图1-2-7所示。

8. 测色仪

测色仪基于传感器、内置彩色照相机及强大的颜色数据库，可以读取汽车表面颜色，分析颗粒大小及其纹理细节，提供可靠的颜色解决方案。它自带配方搜索、修色配方、可自建配方加入数据库等功能。测色仪的使用，大大缩短了测色和调色的时间，并且对测色人员的依赖程度降低，物料消耗有效减少，大大提高了工作效率。

图1-2-7　烘箱

9. 调漆杯

在调漆过程中，用来盛装涂料的容器称为调漆杯，一般为塑料或铁制。调漆杯根据大小不同，有0.2L、0.3L、0.5L、1L、2L等不同容量，根据杯子材质及硬度的不同可分为硬质调漆杯、软质调漆杯和铁制调漆罐，如图1-2-8所示。

a）硬质调漆杯　　　　　b）软质调漆杯　　　　　c）铁制调漆罐

图1-2-8　调漆杯

10. 调漆尺

调漆中经常使用专用调漆尺（图1-2-9）来代替搅拌棒，一般为铝合金材质，耐腐蚀，表面光洁，刻度精准。调漆尺有正面和反面两个比例刻度，常见的正面刻度为2∶1，反面刻度为1∶1，也有正面刻度为4∶1、反面刻度为2∶1等其他情况。

11. 试色板

为了进行颜色对比，需要喷涂试板，以进行适当的微调。因为是纸质材料，与实际车身板件相差较大，而且面积太小，故易产生调色误差。

12. 标准色卡

标准色卡由多个不同颜色的色扇组成，色扇固定在色卡框中，所有颜色按色群分类，可通过汽车制造商颜色代码（获取方法视频见二维码），颜色资料参考书等资料找到与车色对应的色片，是一套组织合理、实用且物有所值的颜色工具系统。标准色卡内含数千张色片，每张色片都是用修补漆喷涂而成以确保完美匹配车身颜色，如果车身颜色和某张色片颜色不匹配，可以查看该色片相邻的其他色片的颜色是否与车身匹配。色卡的正面是标准涂料小样和颜色代号，背面为对应的颜色配方（获取方法视频见二维码）。标准色卡如图1-2-10所示。

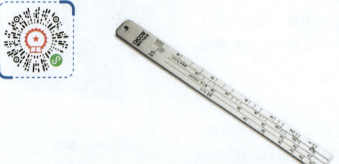

图1-2-9 调漆尺

图1-2-10 标准色卡

三、汽车车身喷涂安全防护及注意事项

在喷涂作业中，高度雾化的漆雾和挥发出来的溶剂变成细小颗粒物，很容易被吸进人体肺部危害身体健康，轻则使人感到不适，出现头痛、头昏、恶心、呕吐、食欲不振和精神不集中等症状，重则对人的呼吸系统、循环系统、消化系统和生殖系统造成不同程度的毒害。因此需要采用各种不同功能的防护用品对人进行保护，主要有护目镜、防护口罩、防护手套、防静电连体服、防护鞋等。

1. 护目镜

在喷涂操作前检查材料时（如开罐或搅拌），漆料可能溅入眼睛，应该佩戴防护眼镜或护目镜（图1-3-1）。溅出的漆料一旦进入眼睛，应使用清水冲洗，并立刻送医诊治。

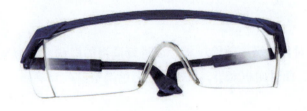

图1-3-1 护目镜

2. 防护服

喷涂时，雾状的有害物质具有渗透能力，且颗粒物直径较小，为避免喷涂雾状物刺激皮肤，一定要穿防静电连体服作业。防静电连体服是由高密度聚乙烯长丝缠绕而成的无纺织物，这种防护服提供了高防护性，具有防粉尘、防静电、防喷漆、防腐蚀、材质柔软轻质等特点，如图1-3-2所示。

3. 防护口罩

（1）防尘面具（口罩）

防尘面具（口罩）（图1-3-3）能保护人体肺部免受打磨产生的固体微粒的侵害。防尘面具主要使用滤棉来过滤非油性颗粒物，可过滤直径在0.3 μm以上的颗粒物。防尘面具除了可以使用滤棉过滤以外，还可以增加活性炭来增强过滤效果。

图1-3-2　防静电连体服

图1-3-3　防尘面具

（2）呼吸防护面罩

呼吸防护面罩（图1-3-4）是一种过滤式防护用品，它利用面罩主体与人面部紧密结合来保护佩戴者。呼吸防护面罩一般根据是否配备呼吸器可以分为活性炭过滤式口罩、供气式面罩，供气式面罩根据是否全封闭分为全封闭和半封闭供气式面罩。

a）活性炭过滤式口罩

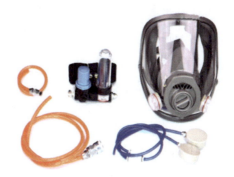

b）供气式面罩

图1-3-4　呼吸防护面罩

4. 防护手套

防护手套分为棉纱手套（图1-3-5）和抗溶剂手套（防化手套）。

防化手套可以选择一次性丁腈橡胶手套（图1-3-6）或氯丁橡胶手套。

5. 防护鞋

防护鞋（图1-3-7）可以防止工人工作时可能有物件砸伤脚，或地面湿滑等造成的跌倒伤害。防护鞋还需要为长时间站着进行打磨的工人提供良好、舒适的站姿。

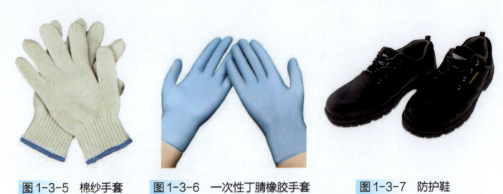

图1-3-5　棉纱手套　　　　图1-3-6　一次性丁腈橡胶手套　　　　图1-3-7　防护鞋

四、涂料基础知识

1. 涂料对人体的危害

涂料在配制及喷涂过程中，和人体有不同程度的接触，由于涂料的组成不同，其中含有的有害物质也不同，其中主要是重金属以及有机物。

1）铅：影响神经系统、血液系统、肾脏系统、生殖系统。

2）铬：影响呼吸道、消化道、皮肤、鼻中隔。

3）镉：影响呼吸道、肾脏系统。

4）树脂：影响呼吸道、皮肤。

5）甲苯、二甲苯：影响中枢神经、皮肤、肝脏。

6）异氰酸酯：刺激皮肤、黏膜，引起呼吸障碍，会导致呼吸急促、发冷、发热等类似感冒的症状。

2. 涂料的组成

涂料一般由成膜物质、颜料（填料）、溶剂、添加剂等四部分组成，根据性能要求有时成分会略有变化，如亮光清漆中没有颜料，粉末涂料中没有溶剂。

（1）成膜物质

成膜物质是涂料的主体成分，其作用是使颜料保持明亮状态，使之坚固耐久并能黏附在物体表面，是决定涂料类型的物质，一般由干性油或半干性油改性的天然树脂（如松香）、人造树脂（如失水苹果酸树脂）、合成树脂类（如甲基丙烯酸甲酯、聚氨基甲酸乙酯、聚苯乙烯、聚氯乙烯等）制成。通常通过添加增塑剂和催化剂来调整、改进它的耐久性、附着力、耐蚀性、耐磨性和韧性。

（2）颜料

颜料是涂料中两种不挥发物质之一，它使面漆具有色彩和耐久性，同时使涂料具有遮盖力，并提高强度和附着力，改变光泽，改善流动性和涂装性能。

1）着色颜料：着色颜料指在底漆或面漆中提供颜色的部分，可分为无机颜料和有机颜料。

2）体质颜料：体质颜料也称填充颜料，一般是来源于矿物质的无机物。其作用为改进涂料的物理性能、力学性能及降低成本。常见的体质颜料有碳酸钙、滑石粉、高岭土等。

体质颜料一般有以下功能。

①打磨性：由于体质颜料一般容易破碎，所以能提供涂料的打磨性。汽车修补涂料的底漆及中涂底漆（二道底漆）的打磨性非常重要，而涂料的打磨性能往往是由体质颜料来实现的。

②填充性：由于体质颜料成本比着色颜料低，因此体质颜料被广泛地应用于涂料中，得到类似的固体质量含量并降低成本。在汽车修补涂料中，底漆或中涂底漆（二道底漆）的光泽及流平的要求没有面漆高，但填充的效果，尤其是中涂底漆的填充效果则要求很高，因此经常使用体质颜料来达到效果。

③提高涂料的黏度：当涂料中使用了密度非常大的颜料或要求黏度比较高时，在设计涂料配方时考虑之一就是选用吸油量大的体质颜料进行调节。

3）防腐颜料：涂装是汽车防腐的重要手段。防腐颜料的使用可以避免或延缓底材的腐蚀，因此汽车修补涂装时常常会使用具有防腐功能的底漆。常见的防腐颜料有磷酸锌、铬酸盐及红丹等。汽车修补涂料中，磷化底漆或环氧底漆中就常常含有磷酸锌或铬酸盐。

4）特殊效果颜料：一些汽车制造厂使用了特殊效果颜料，如极闪银、"变色龙"等，特殊效果颜料在汽车修补涂料中的应用非常重要。

（3）溶剂（俗称稀料）

溶剂是指能将其他物质溶解而形成均一相溶液的物质。

溶剂在液态涂料中起着很重要的作用，对涂料的黏度、光泽、流平性、湿润性、附着力等性能有很大影响，用错溶剂或使用和涂料不配套的溶剂会造成涂料混浊、沉淀、析出、失光、泛白，甚至报废。

市售溶剂是由真溶剂、助溶剂和稀释剂按所需的溶解性能和挥发速度配制而成的混合物，具有挥发性，在涂装和成膜过程中挥发掉，留下不挥发成分（树脂和颜料等）形成坚硬的漆膜。

1）真溶剂：真溶剂是起溶解树脂作用的溶剂。

2）助溶剂：助溶剂是提高真溶剂溶解能力的溶剂，例如将醇类溶剂加入硝基涂料中可以提高溶解效果。

3）稀释剂：稀释剂对于特定的树脂不会起溶剂的作用，但可以减少溶剂和产品的消耗，其作用为稀释树脂及分散颜料。

（4）添加剂

添加剂又称涂料助剂，它不是成膜物质，在涂料中用量很少，然而却能显著地改善涂料的性能，涂料助剂的作用概括起来可分以下几个方面。

1）改善涂料制造工艺：如引发剂、乳化剂、催化剂、分散剂、阻聚剂等。例如，催干剂能加速涂层干燥，多用于醇酸树脂涂料中。催干剂能促进涂膜中树脂的氧化－聚合反应，大大缩短涂膜的干燥时间。

2）改善涂料贮存性能：如防结皮剂、防沉剂、防胶冻剂。

3）改善涂料施工性能：如流平剂、消泡剂、增稠剂、防流挂剂、抗潮剂等。

3. 水性漆和传统油性漆的区别

传统涂料以甲苯、二甲苯作为溶剂，挥发有害物质的周期长且挥发量比较大，新型的水性漆以水作为溶剂，因此其有害物质的挥发周期及挥发量降低很多，因此水性漆在日常使用中越来越多。

（1）水性漆概述

水性漆就是以水为稀释剂，不含有机溶剂的涂料，不含苯、甲苯、二甲苯、甲醛、游离 TDI 和有毒重金属，无毒、无刺激气味，对人体无害，不污染环境，漆膜丰满、晶莹透亮、柔韧性好，并且具有耐水、耐磨、耐老化、耐黄变、干燥快、使用方便等特点。

（2）水性漆分类

水性漆包括水溶型、水稀释型、水分散型（乳胶漆）3 种。

1）水溶型：水溶型以水溶性树脂为成膜物，以聚乙烯醇及其各种改性物为代表，除此之外还有水溶醇酸树脂、水溶环氧树脂及无机高分子水性树脂等。

2）水稀释型：水稀释型是指以后乳化乳液为成膜物配制的漆。制成的漆在施工中可用水来稀释。

3）水分散型：水分散型主要是指以合成树脂乳液为成膜物配制的漆。

（3）水性漆的性能

水性漆与传统溶剂型漆一样，基本成分包括溶剂、树脂、颜料和添加剂等。水性中涂漆主要有聚酯漆和聚氨酯漆，其施工配方中固体分较高，一般为50%~60%（质量分数）。水性中涂漆的抗石击性能优于传统溶剂型中涂漆。水性面漆的底色漆主要有丙烯酸和聚氨酯漆。水性金属底漆溶剂分散在水中形成聚合物分散体系，而传统溶剂型漆形成聚合物溶液，这就是两者最大区别。因此水性漆的分散性、分散离子的稳定性比传统溶剂型漆差，水蒸发需要的热量和时间较传统溶剂型漆多和长，但是在环保性和健康性方面，水性漆有绝对优势。

1）环保性：由于水性漆是以水为稀释溶剂，挥发性有机化合物（VOC）含量极低（低于国家200mg/L的强制性标准），是真正无毒无味的高科技环保产品。而油性漆以有机溶剂（香蕉水、天拿水）为稀释剂，其产品中含有苯、甲苯、二甲苯及其衍生物，加上聚酯漆还要使用固化剂（含TDI），所以聚酯漆的毒性是最高的，而硝基漆的毒性则次之。

2）可燃性：水性漆采用水代替有机溶剂，其产品具有安全不可燃的特点，大大减少了生产、流通环节的危险因素和麻烦。而油性漆中含有的苯、二甲苯、丙酮、溶剂汽油、天拿水都是高度易燃的物品。

五、汽车漆层的组成

汽车漆层由电泳层、中涂层、色漆层、清漆层组成，如图1-5-1所示。

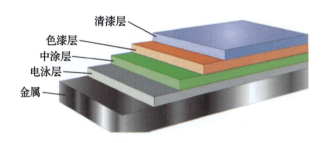

清漆层
色漆层
中涂层
电泳层
金属

图1-5-1 汽车漆层的组成

1. 电泳层

直接附着在车身钢板上的漆层称为电泳层，其作用主要是防锈和提高漆层的结合力，如图1-5-2所示。

2. 中涂层

中涂层是介于电泳层和色漆层中间的漆层，由机器人喷涂而成，其功能有抗紫外线、保护电泳层、提高防锈能力，并且具有兼顾漆面的平滑性和抗冲击性作用，如图1-5-3所示。

图1-5-2　电泳层

图1-5-3　中涂层

3. 色漆层

色漆层是有色彩的漆层，提供直接的颜色感观，有红、黑、蓝、灰、银、白等多种颜色可选，如图1-5-4所示。

4. 清漆层

清漆层是车漆的最外层，是能够用手指直接触摸的透明漆层，其作用主要是提高漆面光泽、质感，防紫外线，防轻微的刮擦，如图1-5-5所示。

图1-5-4　色漆层

图1-5-5　清漆层

六、汽车车身喷涂工艺

根据汽车车身喷涂工艺，可将喷涂分为底漆喷涂、中间涂层喷涂和面漆喷涂三道工艺。

1. 底漆喷涂

底漆的主要作用是提供附着力和防腐蚀。底漆一般不具备填补车身表面缺陷的能力，但是能使裸露的金属表面适合使用原子灰、中间涂层和面漆。选择合适的底漆是非常关键的，不仅可以降低成本，方便施工，还还可以延长漆膜耐久性，充分发挥漆膜的作用。

2. 中间涂层喷涂

中间涂层是介于底漆和面漆之间的涂层，所用的涂料简称为中涂涂料。中涂的主要作用是提高被涂物的平整度和光滑度，封闭第一层的缺陷，以提高面漆涂层的鲜艳性、丰满度和装饰性，增加涂层厚度，提高耐水性。对于表面平整度好、装饰性要求不高的货车或者大客车，可以不喷中涂，以降低涂装成本；而装饰性要求高的中高级轿车，则需要采用中涂。

3. 面漆喷涂

面漆是指涂于工件最外层的漆膜，是涂层组合中唯一可见的部分，起着装饰、标志和保护底材的作用，它直接与各种气候条件（如雨、阳光、雪、寒冷、酷暑等）及有害物质接触，是阻挡这些侵蚀的第一层，可配合底漆起到对材料的保护作用。

第二章 喷涂设备维护

一、供气系统的维护

1. 空气压缩机的维护

空气压缩机的维护关系到空气压缩机的使用寿命、供气品质及钣喷车间的工作效率。因此，一般需要对空气压缩机严格执行安全操作和日常维护，使空气压缩机始终处于最佳工作状态。具体维护方法可参照生产厂商的要求进行。建议进行以下维护操作。

1）保证空气压缩机机房通风良好，室温一般应低于40℃。

2）保持空气压缩机附近环境的清洁和干燥，防止空气压缩机的电动机受潮或吸入尘土。

3）空气压缩机附近不允许存放汽油或棉纱等易燃易爆物品，机房内应有足够的消防设施。

4）每日开机工作前应排放冷凝水。

5）每日开机后应检查运转中有无异常噪声。

6）每日应检查空气压力表显示是否正常。

7）每日检查曲轴箱的机油液面高度，确认是否在油尺最高和最低标线之间。及时更换机油，机油一般每工作500h或2个月更换1次。

8）空气压缩机的进气管应接至室外并装有空气滤清器。每月要清洁空气滤清器（可用溶剂清洗毛毡、海绵等过滤材料，晾干后重新装好）。

9）每月查看空气压缩机的电动机转轴和飞轮有无松动现象，并予以调整。

10）每月检查所有阀芯或气缸盖，不能有松动现象。

11）每月检查空气压缩机附件、油箱及供气管是否存在漏油、漏气现象。

12）每月检查空气压缩机在全负荷运转过程中的温度升高范围是否正常。

13）每月清洁空气压缩机气缸体、气缸盖、内冷器、电动机及其他易积尘的部位。

14）空气压缩机的外壳要安全接地（搭铁），气压表和安全阀每年应由专业技术监督机构检定和校验1次。

15）若发现空气压缩机有异常声音及发热，应尽快与售后服务联系。

2. 储气罐的维护

储气罐的维护具体参照生产厂商的要求进行。建议进行以下维护操作。

1）每日工作前应排放冷凝水。

2）每月检查储气罐安全阀性能是否良好，若不能正常工作应立即检修或更换。

3）检查压力表是否正常，当无压力时表盘位置应处于"0"状态。

4）检查气压是否超出其设定范围（最高工作压力应<1.6MPa）。在气压高于1.6MPa时，安全阀应自动打开，否则应立即停止工作并给予检修。

5）储气罐最高工作压力为0.8MPa，在工作中严禁超压便用。

6）要在压力表盘上对储气罐工作压力的上限值划出红线标识。

7）检查储气罐各阀门及其他地方是否漏气，若有漏气现象应及时采取措施以保证储气罐符合生产要求。

8）压力表、安全阀均属安全附件，要注意平时的维护。要按照国家标准规定的周期，由政府技术监督部门定期对其进行安全检定和校验。其中，压力表每半年检定和校验1次，安全阀每年检定和校验1次。

9）储气罐应保持通风、干燥，周围严禁堆放杂物。

10）每年要检查储气罐焊缝是否牢固、密封圈是否老化，并对储气罐罐体涂一遍漆以做防锈处理。

3. 冷冻干燥机的维护

冷冻干燥机的日常维护具体参照生产厂商的要求进行。建议进行以下维护操作。

1）每日工作前应排放冷凝水。

2）每日观察记录仪表示值，压缩空气进出口压差不得超过0.035MPa，蒸发压力表示数应为0.4~0.5MPa，高压压力表示数应为1.2~1.6MPa。

3）每日观察冷却水水温和水压，水温应为2~32℃，水压应为0.15~0.5MPa。

4）每周清洗1次浮球排水器和排污管。

5）压缩空气普通型进气温度一般应<50℃，高温型进气温度一般应≤80℃（以手摸进气管不烫为宜），特殊除外。

6）冷却水应保持清洁，Y形过滤器每半个月清洗1次，风冷凝器每周清洗1次，水冷凝器每年清洗1次。

7）定期检查电器控制系统，吹扫灰尘并紧固接线端。

8）定期用干净毛巾擦除设备表面的油污、尘埃等，清除安装冷冻干燥机地面的灰尘及油污，保持环境整洁。

4. 初级过滤设备的维护

初级过滤设备的日常维护具体参照生产厂商的要求进行。建议进行以下维护操作。

1）每日工作前应排放冷凝水。

2）初级过滤设备的核心部分是滤芯，而滤芯由特殊的材料制成，容易损坏，必须小心保护。

3）当初级过滤设备工作一段时间后，过滤器滤芯会拦截一定量的杂质，杂质过多时，设备的压力会增大，流速会下降，这时需要及时清除过滤器内的杂质，同时要清洗滤芯，以保证精密过滤器的正常运转。

4）在清除杂质时，要特别注意保护滤芯，必须保证滤芯不变形、不损坏，否则滤芯再装上去后，其过滤后介质的纯度达不到设计要求。

5）某些精密滤芯不能多次反复使用，如发现滤芯变形或损坏，或滤芯已过使用期限，需要立即更换。

5. 空气管路和空气软管的维护

1）定期检查空气主管路、支管路和空气软管是否破损和腐蚀，必要时更换。

2）定期检查空气主管路和支管路的各接口处是否漏气，必要时重新安装连接。

3）每年要对空气主管路和支管路做最高压力负荷测试，逐一排查各段管路是否耐压或出现膨胀变形现象，尤其是采用PVR塑钢管的管材。

4）用在喷漆房内的空气软管由于经常受到喷漆房内升温和降温的温差影响而会加快老化，为避免涂料被污染，建议每年更换1次（换下的软管可以用在其他气动工具的工位）。

二、烤漆房的使用与维护

1. 烤漆房的使用

1）打开烤漆房控制盒电源总开关。

2）打开空气压缩机供气阀门，检查油水分离器，将过滤出来的油、水排放干净。

3）打开烤漆房照明开关、抽风机开关，检查通风是否顺畅。

4）车辆进入烤漆房后，立即把房门关上，工作人员出入应随手关门，非工作人员不得入内，确保烤漆房免受粉尘、油污及其他的污染。

5）烤漆房内严禁一切烟火。

6）工作人员应做好相应的身体保护措施，戴上防毒面罩及穿上防护工作服，确保产品质量及个人安全。

7）调整好烤漆房内的温度，开始作业。

8）作业完毕后，立即清洁烤漆房，关上电源开关，关闭烤漆房门。

9）烤漆房只能由喷漆相关人员进行操作，其他非技术人员不得私自进入。

2. 维护注意事项

所有检修和维护工作必须由有资质的人员进行，在检修和维护过程中必须保证做到以下几点。

1）烤漆房内不得摆放任何工件。

2）关掉烤漆房总电源，并在总电源处设置警告标志。

3）所有更换下来的过滤棉都要进行特定处理，不得像处理普通垃圾一样处理旧的过滤棉。

3. 烤漆房的定期维护

汽车烤漆房是一种包括机械、电气、过滤材料、密封件、传动件和燃烧设备等多种部件的特殊设备，因此，在日常使用烤漆房的过程中，需注意维护及保养，主要可分为以下几个方面。

（1）过滤系统的维护

过滤系统是烤漆房的重要组成部分，一般烤漆房的过滤系统由以下几种材料组成：初效过滤棉、亚高效过滤棉、玻璃丝过滤毡、活性炭。

1）初效过滤棉主要用于原始空气的初次过滤，其更换的周期一般为100h左右，也可视具体情况而定。

2）亚高效过滤棉用于空气的二次过滤，其更换周期一般为400h左右。

3）玻璃丝过滤毡主要用于废气中有机物的收集，通常烤漆房有两次玻璃丝过滤，其更换周期一般为80~120h。

4）活性炭用于吸附漆雾中的废气，应每隔7天检查活性炭过滤网，若活性炭表面粘满涂料影响排风时，应及时更换活性炭，确保排风顺畅。

（2）密封件的维护

为保证烤漆房内空间的密封性，烤漆房需多处使用密封件。由于烤漆房在作业时，其内部的气体多有腐蚀性，而烤漆房的密封件大多为橡胶件，其耐蚀性较差，因此，在使用烤漆房的过程中，必须视实际情况对其密封件进行更换。同时，烤漆房部件连接处的密封胶因长期使用会出现老化现象，此时应视实际情况对旧的密封胶进行清理，重新使用密封胶进行密封处理，以保证在作业时房内空气的洁净。

（3）电气元器件的维护

控制系统是烤漆房的"大脑"，它直接指挥烤漆房完成各项操作，因此，保证其控制元器件的性能稳定相当重要。在使用过程中，须定期检测元器件的性能，以保证其能准确无误地执行各项指令，顺利完成作业。

（4）传动件的维护

烤漆房的传动部分主要为电动机与风机间的传动，由于使用相对频繁，烤漆房在工作一段时间后，电动机与风机的传动带会有一定程度的松动和磨损，此时须视具体情况调节传动带的张紧程度，必要时进行更换，以保证风机的运转达到最佳效果。此外，在风机两侧的轴承盖上均有注油孔，应定期对风机上的轴承加注润滑油，保证其运转顺畅。

（5）燃烧器的维护

燃烧器主要为烤漆房提供热量来源，按燃料来分，一般可分为燃油和燃气两种类型。对于燃油燃烧器而言，维护主要有：定期检查油管，保证油管无漏气现象；定期检查柴油滤清器，保证无堵塞现象；定期清洁喷油嘴；定期更换燃烧器的进气过滤网，保证进风洁净。

（6）其他日常维护

为保证烤漆房的使用性能，还应进行其他必要的日常维护，主要有：保证房内的卫生；检查连接处螺栓的松紧情况，检查房体周围环境，确保烤漆房在使用过程中没有安全隐患。

三、干打磨设备的使用与维护

1. 打磨设备

（1）打磨机的分类

打磨机常见的分类方式主要有按驱动方式分类、按砂纸及运动方向分类等。

1）根据驱动方式分类，打磨机可分为电动和气动两种。由于喷漆车间内有易燃物品，需要尽量减少电动工具的使用，所以在汽车涂装作业时，主要采用压缩空气驱动的气动打磨机，如图2-3-1所示。

2）根据砂纸及运动方向分类，打磨机可分为单作用打磨机、双作用打磨机、轨道式打磨机和往复直线式打磨机。

①单作用打磨机（图2-3-2）。打磨盘垫绕一个固定的点转动，砂纸只做单一圆周运

图2-3-1　气动打磨机　　　　　图2-3-2　单作用打磨机

动，主要用于粗打磨作业，可清除铁锈、旧漆层等。由于打磨盘做单向圆周运动，盘面中心和边缘存在速度差，易造成打磨不均匀及产生圆形磨痕，因此在操作时不能把打磨盘垫平放在打磨面上，而是利用旋转边缘约3cm作为打磨时的打磨面，操作时要轻微倾斜，以保持最佳的打磨效果。

②双作用打磨机（图2-3-3）。双作用打磨机的旋转轴是偏心轴，使得打磨盘垫在运转中做双重圆周运动，旋转时产生振动，可避免单向旋转时产生的圆形磨痕。

③轨道式打磨机（图2-3-4）。打磨盘垫和砂纸均呈矩形。运转时，轨道式打磨机在直线轨迹上产生移动并做圆周运动，由于打磨操作时平压在打磨面上，各部位的运动均匀，不易产生划痕缺陷，主要用于原子灰的打磨。

④往复直线式打磨机。往复直线式打磨机是一种长板式打磨机，只进行简单的前后运动，砂纸安装在底板上靠来回直线运动研磨表面，一般适用于要求平整度的打磨工作。

（2）无尘干磨系统

常见的无尘干磨系统主要有移动式无尘干磨系统（图2-3-5）和中央集尘干磨系统。

图2-3-3　双作用打磨机　　　　图2-3-4　轨道式打磨机　　　　图2-3-5　移动式无尘干磨系统

1）移动式无尘干磨系统。移动式无尘干磨系统使用方便，吸尘效果好，设备成本低，移动灵活，机动性强，可根据生产调度需要而在较大范围内移动，主要由气动打磨机、吸尘设备、三合一套管、打磨垫、其他打磨材料等组成（图2-3-6）。

①气动打磨机：主要由无电刷电动机、调速机构、起动开关等组成，多为气动偏心振动双作用打磨机。

②吸尘设备：依靠真空吸尘作用吸收打磨作业中产生的粉尘颗粒，以改善工作环境，多为电驱动。

③三合一套管：又称压缩空气与吸尘管道，主要作用是为压缩空气的输入、输出和吸尘提供通道。

④打磨垫：内置通道使大小颗粒粉尘顺利吸入管道，具有尼龙搭扣，使砂纸和打磨垫高度粘合，装卸砂纸快速、方便、牢固。

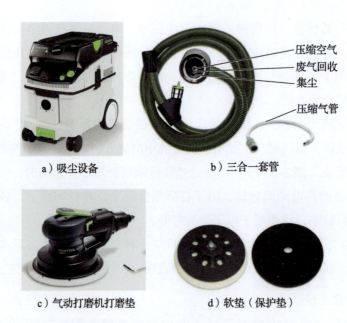

压缩空气
废气回收
集尘

压缩气管

a）吸尘设备　　　　　　　　　　b）三合一套管

c）气动打磨机打磨垫　　　　　d）软垫（保护垫）

图 2-3-6　移动式无尘干磨系统的组成

⑤软垫：又称为保护垫，一般安装于打磨垫上。软垫上依靠尼龙搭扣安装干磨砂纸，一般适用于打磨中涂底漆和面漆时的精细打磨，可有效防止漆面磨穿等现象。

2）中央集尘干磨系统。中央集尘干磨系统主要由中央集尘主机、悬挂系统、集尘管路、供气（供电）管路、气动打磨工具等组成（图 2-3-7），为固定工位设计，适用于工位多、工作频率高的车间，一般根据车间工位进行配置，仅可以在管路系统覆盖范围内工作。由于其强劲的中央集尘主机，集尘效果较移动式集尘系统更佳，集尘系统将打磨过程中产生的粉尘颗粒自动连续集中收集。

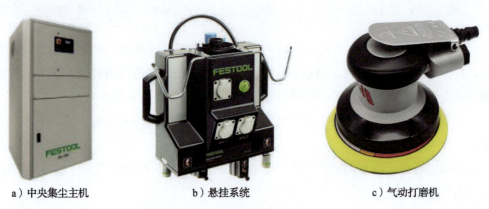

a）中央集尘主机　　　　　b）悬挂系统　　　　　c）气动打磨机

图 2-3-7　中央集尘干磨系统组成

中央集尘主机主要由涡轮真空机、电子控制箱、主滤芯和清洁系统、过滤袋、粉尘收集箱、总开关和工作状态指示等组成。悬挂系统包括供气接口、供电接口、集尘接口、伺服系统、工具悬挂等；管路一般常见的有镀锌无缝钢管、铝合金管或复合材料管三种。

2. 干磨设备的日常维护操作

（1）使用前准备工作

使用前，先将三合一套管分别与吸尘器和磨机连接，检查吸尘器选择旋钮是否旋至AUTO挡，电源气源是否接通。磨机一定要装上砂纸，起动机器试运行一下。

（2）当天维护操作

每天工作结束，断开电源、气源。取下磨机吹干净，放入工具箱锁住。

用压缩空气吹干净吸尘器外部，取下工具箱，取下适配器，打开吸尘器上盖。

检查空气滤清器上的灰尘量，如果灰尘很多，应及时检查吸尘袋是否破裂：如已破裂，应更换，并清洁空气滤清器和吸尘器内部。清洁空气滤清器的方法是将其取下，用小气压吹干净，清洁吸尘器内部的灰尘。

如果工作量较大，需要及时清空吸尘袋：小心取下吸尘袋，将灰尘清空后重新装上。取下和安装吸尘袋时应小心操作，清空吸尘袋时应特别小心，以免将吸尘纸袋弄破。如果工作量不大，建议在粉尘装到1/3时清空吸尘袋。

盖上吸尘器盖子，锁住；装上工具箱，锁住；装上适配器，将电源线缠绕好，将吸尘管缠绕好放置。

（3）每周维护操作

每周工作结束，断开电源、气源。将吸尘器外部清洁干净，取下磨机，吹干净，用内六角螺丝刀旋下磨垫，将磨机防尘壳里面蓄积的粉尘清理干净。

检查磨机手柄处吸尘管，如有集尘结块，用小螺丝刀清洁干净，装上磨垫，放入工具箱，锁住。

取下三合一套管，检查套管旋转是否灵活，如不灵活，应及时报告，检查三合一套管与磨机连接端管口是否有积尘，如有，应清洁；取下适配器清理与三合一套管连接处的粉尘。

打开吸尘器上盖检查空气滤清器上的灰尘量，如果灰尘很多，应及时检查吸尘袋是否安装正确或破裂；如已破裂，应更换，并清洁空气滤清器和吸尘器内部。清洁空气滤清器的方法是将其取下，用小气压由内向外轻吹纸滤芯至干净；

取下吸尘袋，将灰尘清空后重新装上，操作时应特别小心，以免将吸尘纸袋弄破；如果吸尘袋已破裂，应及时更换，盖上吸尘器盖子，锁住。

检查伺服系统油杯内的润滑油量，如不到1/4，应报告。

装上适配器，装上工具箱，锁住；将电源线缠绕好，将吸尘管缠绕好放置。

（4）清洁吸尘器

将另一台吸尘器上的适配器拔出，将专用的吸尘管（吸尘器开封时，从吸尘器吸尘腔内拿出）插入此吸尘器吸尘接口，将吸尘器控制旋钮调节到"MAX"挡，将吸尘头伸入需要清洁的吸尘器内部吸尘。吸尘完毕，用一块半干的毛巾将吸尘器内部清理干净，晾干。

（5）使用注意事项

将磨机平放在需要打磨的表面部位打磨，尽量避免倾斜打磨。

避免让磨垫的边沿碰触棱角立面。

对于圆形磨机，让磨机平缓地移动即可，无须频繁地快速移动磨机；一般不需要使用大力压住磨机打磨，以免影响打磨速度或造成工具内部损坏。

不要让重物压在三合一套管上，以免导致三合一套管损伤；在移动设备时，应将三合一套管缠绕好后再移动，以免三合一套管在移动的过程中磨穿或被尖锐物体划伤而导致吸尘效果不好，禁止用三合一套管拖动吸尘器。

不要让三合一套管两端沾水，如果三合一套管两端沾水可能导致里面的轴承锈死而引起旋钮旋转不灵活，最后导致三合一套管破裂。

砂纸孔应对准磨垫孔，应避免不装砂纸打磨或装上砂纸后磨垫搭扣层没有被完全覆盖。

避免用三合一套管来吸尘。

避免在没有装吸尘袋或吸尘袋破裂的情况下继续打磨操作。如果空气滤清器破损，应立即更换。这些情况可能导致吸尘器电动机损坏或磨机损坏。

3. 打磨材料

砂纸是汽车维修中经常使用的打磨材料，用于打磨涂层、原子灰层、除锈及漆面处理。将各种不同细度的磨料粘结于纸上，制成各种细度的砂纸。磨料粘结牢固程度是砂纸质量的一个重要指标，而操作人员选择合适的砂纸细度并正确使用才能产生最佳效果。

（1）砂纸

砂纸上磨粒的大小用阿拉伯数字表示。粗细不同的磨粒粘结在特制的纸板上，构成适应各种施工需要的粗细不同的砂纸（图2-3-8）。

（2）水砂纸

水砂纸是汽车修理厂最常用的砂纸之一，其大小规格约23cm×28cm。由于修理作业的不确定性，打磨部位的形状、大小不同，要求将砂纸裁成适合打磨需要的尺寸。一般修理作业普遍采用三种裁剪法，如图2-3-9所示。

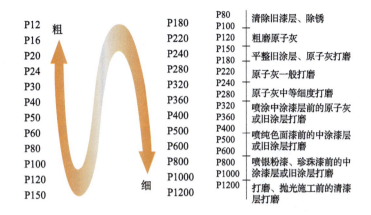

图 2-3-8　砂纸磨粒大小标号及用途

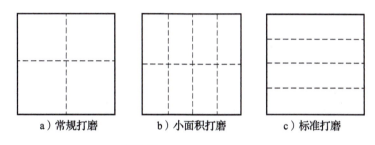

a）常规打磨　　　　　b）小面积打磨　　　　　c）标准打磨

图 2-3-9　水砂纸裁剪法

水砂纸湿磨使用时应先浸水，使砂纸完全浸湿，可防止手工打磨因折叠而引起的脆裂，特别是冬天气温低，应用温水浸泡，以防止砂纸脆裂。使用时应注意以下事项。

1）常规打磨：将水砂纸裁成 1/4 大小，约 11.5cm×14cm，这种尺寸大小适中，适合手握操作，方便灵活，是最常使用的。打磨时将砂纸包在垫块上，其 1/2 为打磨面，当打磨面被磨平时，更换一面继续打磨，能提高砂纸的利用率。

2）小面积打磨：将水砂纸裁成 1/8 大小，约 5.75cm×7cm，这种尺寸适合小面积打磨及处理涂面局部流痕处的磨平。

3）标准打磨：将水砂纸横向裁成 1/4 大小，约 7cm×23cm，这是根据打磨板的规格裁剪的。一般打磨前把砂纸固定在标准打磨板上进行打磨，这种方法对于较大平面上的缺陷有良好的平整作用。

（3）粘扣式砂纸

粘扣式砂纸使用时需与电动或气动研磨机配套使用，根据作用分为干磨砂纸和漆面干研磨砂纸，形状有圆形和方形，圆形直径尺寸以 12.7cm 和 15.24cm 使用较多。

1）粘扣式干磨砂纸：这种干磨砂纸为魔术扣设计，快速粘扣式干磨托盘由高级母粘扣带制成，能紧扣研磨机的托盘，可重复使用，装卸方便灵活，省时省力。砂纸由特殊底材和磨料制成，研磨速度快而平整，用特殊树脂粘结，耐磨性、耐潮性良好。砂纸磨粒规格一般为80~500号。

2）粘扣式漆面干研磨砂纸：粘扣式漆面干研磨砂纸由高性能氧化铝磨料制成。使用时，一般汽车修理厂的圆形研磨机应配合12.7cm和15.24cm软托盘使用，具有易装卸、不易脱落、研磨速度快、耐磨性好的优点，用于清除漆面的粗粒、橘皮等。砂纸磨粒规格一般为600~1500号。

3）三维打磨材料：三维打磨材料是研磨颗粒附着在三维纤维或海绵上形成的打磨材料，这类材料有非常好的柔韧性，适合打磨外形复杂或特殊材料的表面，可用于各种条件下的打磨。如菜瓜布就是三维打磨材料中的一种，主要用于塑料喷涂前的粗化、驳口前对涂膜的粗化以及修补前去除涂膜表面的细小缺陷等。

（4）打磨垫

打磨垫是砂纸打磨工件操作中必不可少的工具，主要有手工打磨垫和研磨机专用托盘。

1）手工打磨垫（图2-3-10）：手工打磨垫用料主要有硬橡胶、中等弹性橡胶及木板三种。目前由于汽车维修行业迅速发展，打磨垫由过去操作人员自己制作，发展到适合各种需要的专用打磨垫。

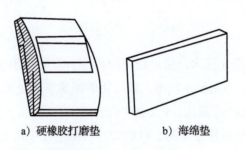

a）硬橡胶打磨垫　　　　　b）海绵垫

图2-3-10　手工打磨垫

①硬橡胶打磨垫：硬橡胶打磨垫使用时要外垫水砂纸，一般用于湿磨原子灰层，把物面高凸的原子灰部分打磨掉，使物面达到平整的要求。其长短大小对磨平原子灰层有一定的影响，自制的打磨垫一般取厚2~3cm橡胶块裁剪成11.5cm×5.5cm的长方形。这种打磨垫适用于一张水砂纸竖横裁剪成4份，即前述每份尺寸为11.5cm×14cm，这样既有利于水砂纸的充分利用，又灵活方便，是汽车维修行业施工人员使用较普遍的操作工具。对于大面积波浪形物面的原子灰层可适当使用加长的打磨垫（也可用平整的木板代替）。

②中等弹性橡胶垫：中等弹性橡胶垫（海绵垫）是一种辅助打磨工具，利用它的柔软性，外包水砂纸打磨棱角和形状多变部位时，可避免划伤凸出部位。海绵垫适用于漆面处理，如抛光漆面前垫细水砂纸磨平粗粒、橘皮等，不易对漆面造成大的伤害。还有将抛光砂纸与3mm厚海绵粘接成一体，制成打磨块，进行抛光等精细研磨操作。

2）电动、气动研磨机的打磨垫：用于电动、气动研磨机的打磨垫称为托盘，根据打磨物面不同分为以下两种托盘。

①快速粘扣式干磨托盘。这种托盘由母粘扣带制成，配合干磨砂纸，特殊蘑菇头设计能紧扣砂纸，装卸快速、方便、牢固，打磨时省时省力。

②软托盘。软托盘与粘扣式漆面干研磨砂纸配合使用，一般汽车修理厂所使用的圆形研磨机上均可安装。

4. 手工打磨方法

手工打磨有干打磨和湿打磨，干打磨和湿打磨的区别见表2-3-1。

表 2-3-1　干打磨和湿打磨的区别

	湿打磨	干打磨
打磨作业速度	慢	快
砂纸消耗量	少	多
打磨质量	能满足要求	作为最后一道打磨难满足质量要求
作业性	一般	好
粉尘	少	多

手工打磨适用于对小面积腻子的粗磨，包括大面积细磨，以及有些精细工作如对型线、曲面、转角、圆弧、弯曲部位的修整。手工打磨就是在磨块（木块或橡胶块）上包有2~3号铁砂布进行干磨，或用100号水砂纸沾水湿磨（图2-3-11）。

图 2-3-11　湿打磨

手工打磨的一般流程如下。

1）选用与磨块大小相配的砂纸或者把砂纸裁剪好,使之与磨块尺寸相配。

2）将砂纸固定在磨块上，把磨块平放在打磨面上，沿块的长度方向均匀施加中等程度的压力，不得急于求成而用力过猛，否则，如果腻子磨穿或磨出凹坑都将前功尽弃。

3）打磨时磨块进行前后往复的摩擦运动，打磨行程为较长的直线。不要使磨块圆周运动，那样会在漆面上留下明显可见的磨痕。要想达到最佳效果，应始终沿车身外形线方向打磨。

4）打磨过程中应充分注意露出的最高点，并以此最高点为准，多次用手摸感受平整度并加以修整。

5）对于波浪形平面，可选用长一些的木块作为衬块，打磨动作幅度可长些。

6）对于局部补刮的腻子，打磨时要注意腻子层边缘的平整性，即腻子口要磨平，以防产生腻子层痕迹，并为第二道腻子的刮、磨带来方便。

7）打磨型线或圆弧时，应使用与其形状相近的仿形块打磨。

8）干磨时，砂纸会被填料的粉末腻住。经常抖动、拍拍砂纸可以去掉一些粉末，也可使用涂有滑石粉的砂纸，这样可减少粉末的堵塞。湿磨时减少砂纸堵塞的方法基本和干磨相同，但还要用水湿润。

5.机械打磨方法

（1）打磨机的选用

电动打磨机的主要优点是转速高，打磨力量大，使用方便。

使用准则：

1）只要有电源的地方就可以使用，不需要专门的气源。

2）使用方法简单，故障少。

3）可以通过更换打磨头，实现多用途。

选择电动打磨机时，首先应根据操作者的体格和体力，选择大小适宜的打磨机，否则，太大则很容易疲劳，不能持续作业，太小则效率低。然后再选择转速稳定、输出力大、振动小的打磨机。

打磨头的形状有两种，两种形状打磨头的使用比较如图2-3-12所示，其中有倒角的一种使用起来比较方便，对于板件的边角均能进行很好的打磨。

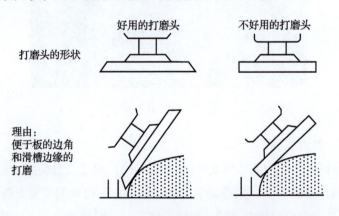

图2-3-12 两种形状打磨头的使用比较

（2）打磨机的使用

打磨头尺寸的选择，应由打磨面积来决定。如对车顶和发动机舱盖等大面积区域进行打磨时，可使用直径为18cm的打磨头，以加快作业速度；小面积剥离时，可以使用直径为10~12cm的打磨头，操作起来比较方便。

电动打磨机在剥离涂膜作业时，如果使用的是硬性打磨头，则要保持与涂膜表面相平行，否则会在金属表面留下划痕；如果是软性打磨头，与涂膜表面的接触方式应采用图2-3-13所示的方式。

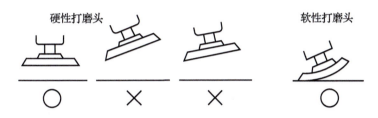

硬性打磨头　　　　　　　　　　　　　　　软性打磨头

图2-3-13　硬性打磨头与软性打磨头的正确使用

气动打磨机在使用方法上与电动打磨机有一定差异，由于其转速高，打磨力不及电动式，对旧涂膜的打磨主要是靠旋转力切削，故与旧涂膜的接触方式应如图2-3-14所示，保持与涂膜表面成15°~20°夹角，另外压力不能过大。

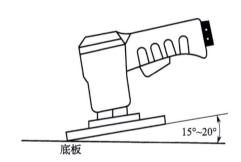

15°~20°
底板

图2-3-14　气动打磨机的使用

由于打磨机转速非常高，使用时一定要握持住打磨机，以免脱手。

四、喷枪的使用与维护

1. 常见空气喷枪的类型

（1）按照涂料的供给方式分类

喷枪可分为重力式（上壶）喷枪、虹吸式（下壶）喷枪和压送式喷枪三种。

1）重力式（上壶）喷枪（图2-4-1）：又称为上壶喷枪，涂料罐位于喷枪的上方，它是利用重力使涂料流入喷枪。这种喷枪操作自由度大，施工容易，但是由于涂料罐在喷嘴上方，影响喷枪的稳定性。需要注意的是，重力式喷枪的涂料罐顶端的通风口必须打开，同时考虑到涂料罐中涂料过重会影响喷枪稳定性，故涂料罐的容量一般限制在500~600mL。重力式喷枪适用于小规模作业，如局部修补等。

2）虹吸式（下壶）喷枪（图2-4-2）：又称为下壶喷枪，涂料罐位于喷枪的下方，这种喷枪的压缩空气流在空气帽处产生一个低气压，提供虹吸作用，即文丘里效应。涂料罐中的涂料在负压的作用下向上进入虹吸管和喷枪，在空气帽处得到雾化，并从喷嘴处喷出。这种喷枪喷涂稳定性较好，便于向涂料罐中添加涂料或变换颜色。但是其喷涂水平表面比较困难，且涂料罐容量较重力式大，一般在1000mL左右，因而操作人员易疲劳。

3）压送式喷枪（图2-4-3）：喷枪上没有涂料罐，涂料是在分开的涂料罐、储液罐或泵中得到加压的，在压力的作用下，涂料经过软管、喷嘴，在空气帽处得到雾化。这种喷枪的涂料罐容积大，喷涂大面积表面时不需要添加涂料，其缺点是变换颜色和喷枪清洗需要较多时间。压送式喷枪适合于大面积作业，一般汽车制造厂中的喷涂车间使用这种喷涂系统。

图2-4-1 重力式
（上壶）喷枪

图2-4-2 虹吸式
（下壶）喷枪

图2-4-3 压送式喷枪

（2）按照涂料雾化技术分类

喷枪可分为高气压、低流量中气压和高流量低气压三种，这三种喷枪的主要区别在于内部结构的不同，会产生不同的雾化效果。

1）高气压喷枪：又称为传统空气喷枪，在空气帽处使用低流量、高压力的压缩空气雾化涂料而进行喷涂。此种喷枪雾化气压较高，耗气量大，涂料利用率大约在30%，上漆率低，大量的喷涂溶剂随着飞雾扩散到周围环境中，造成了涂料的浪费，严重污染环境，影响喷涂操作人员的身体健康。

2）高流量低气压喷枪：又称为HVLP喷枪，HVLP是英文High Volume Low Pressure的缩写。HVLP技术定义喷涂设备的传递效率（即涂料利用率）必须高于65%，喷嘴处空气出口压力等于或小于68kP。

3）低流量中气压喷枪：又称为LVMP喷枪，在空气帽处使用低流量、中压力的压缩空气来雾化涂料。此种喷枪的各项性能介于高气压喷枪和HVLP喷枪之间。

2.喷枪的工作原理及结构

（1）喷枪的雾化

空气喷枪是利用空气压力将液体转化为小液滴的喷涂工具，该过程即雾化。雾化的过程就是喷枪工作的过程，雾化使涂料成为可喷涂的细小且均匀的液滴，当这些小液滴被以正确的方式喷在汽车表面后就会结合形成一层厚度极薄的、像镜子一样平整的膜。

用力吹空气管，空气将快速流过竖直管的上端，使竖直管内气流的压力下降，容器中的液体通过竖直管吸出，被高速流动的空气吹散。流过竖直管上端的空气流速越快，

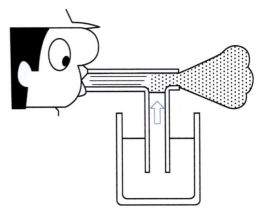

图2-4-4　雾化原理

管内的压力下降越多，使得更多的液体被从容器中吸出，如图2-4-4所示。

（2）喷枪的结构

喷枪主要由空气帽、喷嘴、针阀、扳机、气阀、调节钮和手柄等组成，如图2-4-5所示。

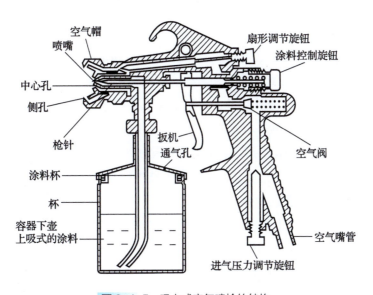

图2-4-5　吸上式空气喷枪的结构

空气帽引导压缩空气撞击涂料，使其雾化成有一定直径的漆雾。空气帽上有三种起不同作用的小孔，分别为中心孔、辅助孔和侧孔，如图2-4-6所示。

辅助孔一般在中心孔的两侧，可促进涂料的雾化，辅助孔喷出空气量的多少与涂料雾化好坏有很大关系，如图2-4-7所示。侧孔在空气帽向前的2个凸起上，喷出的气流可控制喷雾的形状。当扇形调节旋钮关上时，喷雾的形状是圆形；当扇形调节旋钮打开时，喷雾的形状变成长方形。

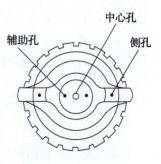

图2-4-6　气孔名称

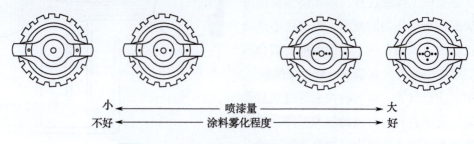

图2-4-7　辅助孔的大小与喷枪工作性能的关系

3. 喷枪的选用及调整

（1）喷枪的选用

汽车修理厂整车喷涂或大面积喷涂多使用吸力式喷枪；整板喷涂或小面积喷涂多选用重力式喷枪；点修补时多选用小修补喷枪。根据喷涂涂料和要求的不同，主要在于喷嘴口径的选择。

（2）喷枪的调整

喷涂模式的调整：喷涂模式的调整是指喷雾扇形区域的调节，喷雾扇形取决于空气和雾化的涂料液滴的混合是否合适。涂料的喷涂应平稳，喷涂出的湿润涂层应没有凹陷或流挂现象。一般情况下要想获得合适的喷雾扇形，必须进行以下三个方面的基本调节（调节方法视频见二维码）。

1）调节压力：喷枪喷嘴处的压力对于得到合适的喷雾扇形有明显的影响。空气压力的调节一般可通过安装在支供气管路中的分离/调压器来调节，但由于压缩空气从调压器经过输气软管到达喷枪会受到摩擦力作用，因此管路中存在压降。调压器处测得气压与喷枪处测得气压的差值取决于输气管的长度和直径，一般来说孔径越大压降越小，管长越短压降越小，但管长一般不超过10m。因此，应该在喷枪处测量气压值，而且这里所提到的压力值都是指喷枪处的气压。

测量气压最可靠的方法是使用一块插在喷枪和输气管接头之间的气压表。有些喷枪本身就带有气压表，可用来检查和调节喷枪处的压力值。大多数喷枪的气压表是可选件，建议在生产中使用气压表。

2）调节喷雾扇形：通过调节喷雾扇形调节旋钮可以调节喷雾直径的大小。调节喷雾形状时，将扇形调节旋钮旋紧到最小，可使喷雾的直径变小，形状变圆；将扇形调节旋钮完全打开，可使喷雾形状变成宽的椭圆形。较窄的喷雾可用于局部修理，而较宽的喷雾则用于整车喷涂。扇形调节旋钮从旋紧到最小到完全打开时，喷雾形状的变化如图2-4-8所示。

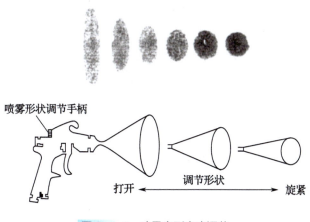

图2-4-8 喷雾扇形宽度调节

3）调节涂料流量：调节涂料控制旋钮可调节适应不同喷雾形状所需的涂料流量。逆时针转动涂料控制旋钮可增大出漆量，而顺时针转动将减小出漆量，如图2-4-9所示。

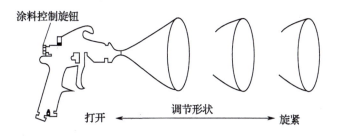

图2-4-9 调节涂料控制旋钮控制出漆量

最佳的喷涂压力是指获得适当雾化、挥发率和喷雾扇形宽度所需的最低压力。

压力过高会产生过多弥漫的喷雾，从而导致用料量增加，而涂层流动性降低，因为在涂料到达喷涂表面之前已有大量的溶剂被蒸发掉了，易产生橘皮等缺陷。

如果压力过低，会使涂层的干燥困难，因为大多数溶剂都被保留下来，因此容易产生起泡和流挂。不同涂料喷涂时所需的空气压力都有最佳值。

4. 喷枪的使用与注意事项

（1）正确的喷涂操作与调节

对喷涂工作而言，要想获得良好的效果，正确的喷涂与调整是非常重要的。主要有如下要领。

1）喷枪与待喷表面保持适当的距离。一般情况下距离20cm左右，如果喷涂距离过短，喷涂气流的速度就较高，从而会使涂层出现波纹；如果距离过长，就会有过多的溶剂被蒸发，导致涂层出现橘皮或发干，并影响颜色的效果，如图2-4-10所示。使用延缓蒸发的稀释剂，可以使喷涂时喷枪的位置不太重要，但如果喷涂距离太近就会导致流挂现象；喷涂距离过长，会形成弥散的喷雾，从而导致涂料的浪费。

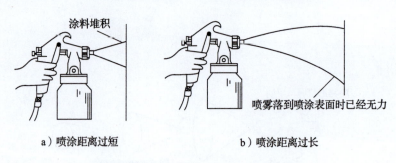

a）喷涂距离过短　　　　　　b）喷涂距离过长

图2-4-10　喷涂距离对喷涂效果的影响

2）喷枪移动时应保持水平。喷枪移动时应保持水平，喷射线应与表面垂直，如图2-4-11所示。

如果喷枪角度不正确，并沿曲线运动，则将导致漆膜不均匀。这在实际中不可能完全避免，但操作时应保持小心，如图2-4-12所示。

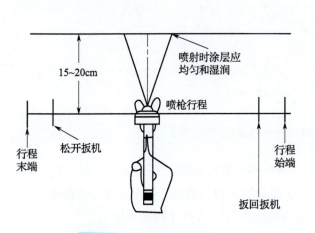

图2-4-11　正确的平行运动

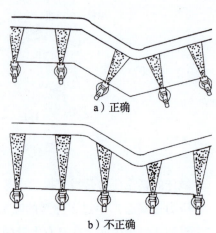

a）正确

b）不正确

图2-4-12　喷枪运动与弧形表面垂直

3）扣下扳机前，空气阀应先打开，从空气孔高速喷出的压缩空气在喷嘴前形成低压区，再用力扣下扳机，此时喷嘴打开，喷出涂料。而关机之前应先松开（涂料）扳机，然后再全部松开扳机，关闭空气阀。这样才能平稳过渡，防止大起大落。

4）喷涂时不要转动，喷枪的运动不要呈曲线形，否则会造成漆膜不均匀。喷漆时唯一可以转动的情况是进行局部喷涂时要求边缘处比中间薄时。

（2）喷涂方法及线路

喷涂方法有纵行重叠法、横行重叠法、纵横交替喷涂法。喷涂路线应从高到低、从左到右、从上到下、先里后外顺序进行。在行程终点关闭喷枪，喷枪第二次单方向移动的行程与第一次相反，喷嘴与第一次行程的边缘平齐，雾形的上半部与第一次雾形的下半部重叠，重叠幅度应第二层与上一层重叠1/3或1/2，如图2-4-13所示。

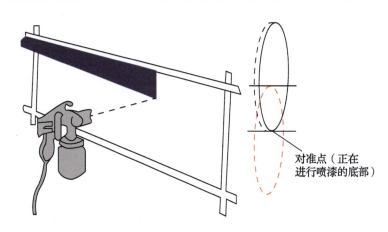

图2-4-13　喷涂的重叠方式

（3）走枪的基本动作

汽车修补涂装中，根据喷涂位置不同，喷漆走枪的手法也不同，以下介绍几种常用的喷漆走枪手法。

1）物件边缘的走枪手法。一般采用由右至左喷涂，并采用纵喷（喷出涂料呈垂直方向），如图2-4-14所示。

2）构件内角的走枪手法。一般采用由下而上，再由上而下喷涂，并采用横喷（喷出涂料呈水平方向），如图2-4-15所示。

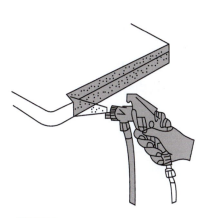

图2-4-14　物件边缘的走枪手法

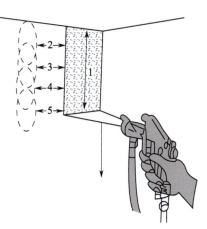

图2-4-15　构件内角的走枪手法

3）小而直立的构件平面的走枪手法。由上而下（5→2），然后从左至右（6→3），再由下而上（7→4），依次完成（8→5→6→7→8→9），如图2-4-16所示。

4）长而直立的构件平面的走枪手法。喷涂长而直立的构件平面时也是先由上而下，再由左而右，依次沿横向行程，每行程45~90cm，顺序9以后行程重叠10cm，如图2-4-17所示。

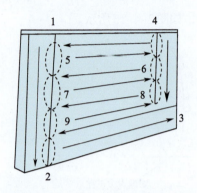

图2-4-16 小而直立的构件平面的走枪手法　　图2-4-17 长而直立的构件平面的走枪手法

5）小圆柱构件的走枪手法。喷涂小圆柱构件时，由圆顶自上往下再自下往上，分3~6道垂直行程喷完，如图2-4-18所示。

6）大圆柱构件的走枪手法。喷涂大圆柱体时，则由左至右再由右至左水平行程依次喷完，如图2-4-19所示。

图2-4-18 小圆柱构件的走枪手法　　图2-4-19 大圆柱构件的走枪手法

7）棒状构件的走枪手法。喷涂较长的棒状构件时，最好将雾束调窄一些与之配合。如果不愿意经常调整喷枪，可将喷枪雾束的方位与棒状构件相适应，这样既可完全覆盖又不过喷，如图2-4-20所示。

（4）不同板件的走枪

无论是什么形状的板件，安装于什么位置，走枪时，基本均按照从上到下、从左到右、从内到外的原则。

1）前翼子板的喷涂顺序。发动机舱盖的边缘和前翼子板的翻边应该首先喷涂，然后是前照灯周围部分、面板的弯起部分，最后是面板的底部，如图2-4-21所示。

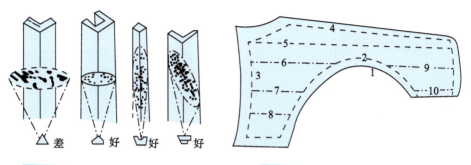

图2-4-20　棒状构件的走枪手法　　　图2-4-21　前翼子板的喷涂顺序

2）后翼子板的喷涂顺序（图2-4-22）。首先喷涂边缘，然后喷漆工站在面板的中间，以一个长的连续的行程喷涂面板。如果无法一次完成，可把这个区域分成两个部分。使用这种方法时，一定要特别注意中间的重叠。如果重叠的涂料太多，将会发生流挂。

3）发动机舱盖的喷涂顺序（图2-4-23）。为了方便对车顶盖进行喷涂，喷漆工应站在长凳上，以便能够喷到车顶的中心。首先喷涂一侧的风窗玻璃边缘，然后从中心到外边喷涂；一侧完成后，再用相同的方法完成后部和侧面的喷涂。

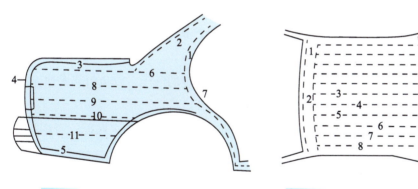

图2-4-22　后翼子板的喷涂顺序　　　图2-4-23　发动机舱盖的喷涂顺序

4）车门的喷涂顺序（图2-4-24）。首先喷涂车门框的顶部，然后下移到车门的底部。喷涂车门把手时应该特别小心，因为某点的涂料太多将会导致下垂。

5）整车喷涂的走枪顺序（图2-4-25）。在横向排风的房间里，离排风扇最远的地方首先喷涂，这样能保证附在喷漆表面的灰尘最少，使漆面更光滑。首先对车顶盖喷涂，然后是左侧或右侧车门，下一步是同侧的后翼子板，接着是行李舱盖和后围板。对汽车另一侧的喷涂是从后翼子板开始，然后是车门和前翼子板、发动机舱盖、前裙板、门窗框，最后对另一侧的前翼子板喷涂。

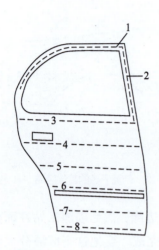

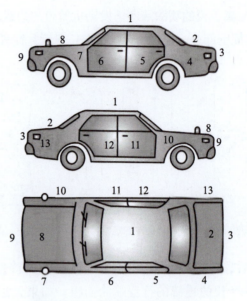

图 2-4-24　车门的喷涂顺序　　　图 2-4-25　整车喷涂的走枪顺序

5. 喷枪的维护保养

（1）喷枪日常维护

1）操作之前以及清洗或维修工作之后，必须确保所有部件都已紧固。

2）在安装空气软管之前，须确保喷枪手柄下部的空气接口洁净。

3）气源必须使用干燥无尘的普通压缩空气，严禁使用氧气和任何易燃气体，以免造成意外伤害。

4）要使用说明书规定的气压，绝对不可超过规定的气压，以免引起爆炸。

5）每次工作完毕，一定要将空气管与工具分开。

6）当多支喷枪共用一个压缩机时，压缩机的容量一定要与之匹配，否则将造成气压不足，影响喷涂效果。

7）每次使用完后应立即用常用稀释剂仔细清洗喷枪及其附件。

8）不要把整支喷枪长时间浸泡在清洗液中，这样会使密封圈硬化，并破坏润滑效果。

9）在使用喷枪时，不要佩戴戒指、项链或手链等装饰物品。

10）任何时候都不可以将枪口面对任何人（包括自己），装涂料时不要扣扳机。

11）在任何情形之下，都不可拉扯空气软管来移动被连接的工具或设备。

12）不可任意改变工具原有的设计、结构及功能组合。

13）当发现工具漏气的时候，切勿使用。

14）要时常清理工作区域，避免由于场地环境不干净引起的人身伤害。

（2）喷枪日常保养

1）为防止液体喷嘴或枪针损坏，务必在安装或卸下液体喷嘴时扣紧扳机，或卸下涂料调节阀以解除弹簧对枪针的压力。

2）重力式枪壶采用特殊抗静电材料做成，但仍要避免产生静电。

3）枪壶不能使用干布或纸清洁和擦拭。擦拭壶身可能产生静电，如果向某一接地的物体放电，可能产生易燃的火花，导致溶剂蒸气燃烧。如果需要在危险区域进行手工清洁，只能使用湿布或抗静电抹布。

4）清洁涂料通道时，应将枪壶中的多余的涂料倒出，然后用喷枪清洗溶液进行清洗。

5）用湿布擦拭喷枪外表，切勿将喷枪完全浸入任何溶剂或清洗液中，因为这会损坏喷枪的润滑剂，从而缩短其使用寿命。

6. 喷枪参数调整

（1）根据不同雾化能力调整喷枪参数

根据不同雾化能力调整的喷枪参数见表2-4-1。

表 2-4-1　根据不同雾化能力调整喷枪参数

技术参数	传统高压喷枪	中压喷枪	HVLP 喷枪
进气压力 /bar[①]	3~4	2.5	2
雾化压力 /bar[①]	2~3	1.3	0.7
耗气量 /（L/min）	380	295	430
喷涂距离 /cm	18~23	15~23	13~17

① 　1bar=10^5Pa。

（2）根据底漆与面漆调整喷枪参数

根据底漆与面漆的不同（图2-4-26）调整的喷枪参数，见表2-4-2。

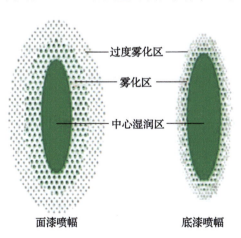

面漆喷幅　　　　　　　底漆喷幅

图 2-4-26　面漆与底漆喷幅比较

表 2-4-2　根据底漆与面漆的不同要求调整喷枪

对比项目	面漆要求	底漆要求
涂装要求	着色，装饰	填充，遮盖
涂料黏度（20℃ DIN4）	14~20s	22~30s
喷嘴口径	1.3~1.4mm	1.6~1.9mm
喷幅	雾化区宽大，喷幅分散	中心区宽大，喷幅集中
涂装效果	均匀，饱满	平整，厚度

7. 喷枪常见故障

喷枪常见故障及解决方法见表2-4-3。

表 2-4-3　喷枪常见故障及解决方法

故障现象	故障成因	解决办法
不出涂料	喷枪无压缩空气进入	检查供气管
	枪针调节钮开启不足	按标准调整枪针旋钮
	涂料黏度太大	按标准调整枪针旋钮
停止扣动扳机后喷枪喷嘴处有涂料吐出	枪针喷嘴不匹配	按标准配备正确的枪嘴与枪针
	枪针磨损过大	更换新枪针
	喷嘴磨损过大	更换新喷嘴
未扣动扳机时空气帽漏气	主空气阀脏污及底座放置不正确	拆下主空气阀，清洁阀轴和扳机部分密封圈
	主空气阀密封圈过大	更换新密封圈
空气帽内积漆，开枪时有漆滴飞溅	喷嘴在枪头安装不正确	按标准安装喷嘴
	空气帽孔被堵塞	彻底清洁空气帽
涂料从枪嘴和枪针渗漏	喷嘴内部底座有划痕、损伤或磨损	更换新喷嘴
	枪针外部损坏或磨损	更换新枪针
	枪针或喷嘴接合处不清洁导致不能密封	彻底清洁
	喷嘴和枪针不配套	按标准配备喷嘴或枪针
	枪针不清洁	清洁润滑枪针
	枪针密封堵头不清洁	拆下密封堵头，清洁干净
枪嘴积漆	喷嘴安装不正确	按标准安装
	枪针/喷嘴泄漏	更换新密封堵头
空气帽积漆	空气帽孔损坏	更换新空气帽
	反弹回来的涂料在枪头逐渐堆积，造成空气帽孔堵塞	彻底清洁空气帽

（续）

故障现象	故障成因	解决办法
涂料从枪针密封堵头处慢慢渗漏	枪针密封堵头磨损或松动	按要求拧紧或更换新密封堵头
	枪针磨损	更换新枪针
扣动或松开扳机时空气阀动作缓慢	空气阀根部弯曲	更换损坏的部件
	空气阀根部不清洁	拆下并清洁
空气阀根部四周有空气泄漏	空气阀内部密封圈磨损或丢失	更换新密封圈
当扣动扳机时空气阀不工作（空气阀根部不能全部插入阀体内	空气阀根部弯曲	拆下空气阀并更换损坏的空气阀根部
	空气阀根部不清洁	拆下空气阀并清洁
扳机扣动不灵活	固定扳机的转轴螺钉不清洁	拆下并清洁
	枪针不清洁	拆下并清洁
	枪针密封堵头过紧	调节密封堵头并润滑
手柄顶部枪针出口涂料泄漏	密封圈磨损或丢失	更换新密封圈
空气帽固定环不转动	固定螺纹不清洁	将枪头部分浸入溶剂中清洗
	固定环变形或损坏	更换新固定环
扇面调节阀不能调整	内部密封圈损坏或断裂	更换新密封圈
	涂料弄脏了调节螺钉	拆下并彻底清洁
不能进行点状喷涂	喷嘴或导流环安装不正确	拆下并重新安装
	导流环铜管损坏	更换新导流环
扇面控制阀过于松动且容易转动	内部密封圈磨损	更换新密封圈
导流环密封圈漏气	导流环密封圈损坏	更换新密封圈
	导流环密封圈被涂料脏污	拆下并彻底清洁
不能转动喷枪手柄上的空气控制阀	内部密封圈损坏或断裂	更换新密封圈
	涂料弄脏了调节螺钉	拆下并彻底清洁
喷枪手柄上的进气控制阀过分松动且容易转动	内部密封圈磨损	更换新密封圈
喷涂颤抖，跳枪	枪壶内涂料不足	补充涂料
	喷嘴没有拧紧	拧紧喷嘴
	枪针或密封圈磨损	更换新的枪针或密封圈
	枪针密封堵头松动	旋紧密封堵头
	涂料管连接处松动	旋紧涂料连接管

第三章 底材处理

一、底材处理概述

1. 底材处理的目的和方法

（1）底材处理的目的

底材处理是翻修被损坏的或被更换的车身钣金件，以便为表面涂装提供适当底基的所有作业的总称。底材处理有以下作用。

1）保护底板金属：防止生锈。

2）提高附着力：提高层间附着力。

3）恢复形状：填补凹穴和划痕以恢复原来形状。

4）封闭表面：防止底材吸收在表面涂装中使用的涂料。

（2）底材处理的方法

1）被损坏的车身钣金件：被损坏的车身钣金件底材处理的方法如图3-1-1所示。

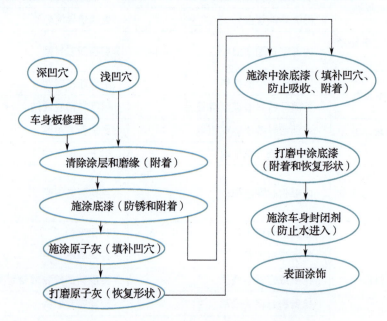

图3-1-1 被损坏的车身钣金件底材处理的方法

2）被更换的车身钣金件：被更换的车身钣金件底材处理的方法如图3-1-2所示。

2. 底材处理的材料

底材处理材料主要有底漆、腻子、中涂底漆。

（1）底漆

底漆通常施涂得很薄，并且不需要打磨。

底漆的作用：

1）防锈。

2）促进金属底板和下涂层之间的附着。

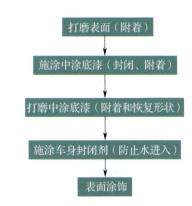

图3-1-2　被更换的车身钣金件底材处理的方法

（2）腻子

腻子是一种糊糊状面漆的下涂层，用于填补深的凹穴，以产生一个平滑的表面。有不同类型的腻子，可根据不同的底板材料选择适合的腻子。通常用刮刀施涂厚涂层来填补凹陷，然后用打磨工具来磨平。

1）聚酯腻子。聚酯腻子为双组分类腻子，主要由聚酯树脂组成，使用有机过氧化物作为硬化剂。不同的供应商销售不同类型的腻子，以满足不同应用的要求。此类腻子一般均含有体质颜料，可以施涂成厚涂层，并且容易打磨，但是可能会产生粗糙的纹理。

2）环氧腻子。环氧腻子为双组分类腻子，主要由环氧树脂组成，使用胺作为固化剂。由于环氧腻子的防锈力及附着力极好，它常常用于修理树脂零件。至于固化、成形和打磨特性，该材料不及聚酯腻子。

3）硝基腻子。硝基腻子为单组分腻子，主要由硝酸纤维和醇酸或丙烯酸树脂组成。它主要用于填补划痕、针孔或者是在二道底漆施涂以后留下的浅的凹穴。

（3）中涂底漆

中涂底漆是施涂在底漆、腻子或其他面漆下涂层上的第二层漆。它具有如下特点。

①填充浅的凹穴或砂纸划痕。

②防止面漆被吸收。

③增进面漆下涂层和面漆之间的附着。

1）硝基中涂底漆。硝基中涂底漆为单组分中涂底漆，主要由硝酸纤维和醇酸或丙烯酸树脂组成。由于快干、使用简便，所以它获得广泛使用，但是，该材料的涂装特性不及其他中涂底漆。

2）氨基甲酸中涂底漆。氨基甲酸中涂底漆为双组分中涂底漆，主要由聚酯、丙烯酸和醇酸树脂组成，使用聚异氰酸酯作为硬化剂。虽然它的涂装性能极好，但是它干燥得慢，需要在大约60℃的温度下进行强制干燥。一般来说，中涂底漆干得越快，其性能越差。

3）热固性氨基醇酸中涂底漆。热固性氨基醇酸中涂底漆为单组分中涂底漆，主要由三聚氰胺或醇酸树脂组成，在施涂烘烤面漆重涂以前用作底漆。它要求在90~120℃的温度下进行烘烤，涂装性能与新车一样。

4）中涂底漆性能比较见表3-1-1。

表 3-1-1　中涂底漆性能比较

性能		硝基中涂底漆	氨基甲酸中涂底漆	热固性氨基醇酸中涂底漆
涂装性能	附着力	不太好	极好	极好
	成型（填补）	不太好	极好	极好
	吸引特性（封闭性）	不太好	极好	极好
	抗水性	不太好	极好	极好
易于使用	固化	极好	不太好	不太好
	打磨	极好	好	好
	抗溶剂性能	不太好	好	好
	点修理（旧硝基漆）	极好	不太好	不太好

3. 底材处理工艺流程

底材处理工艺流程如图3-1-3所示。

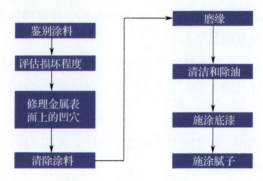

图 3-1-3　底材处理工艺流程

（1）鉴别涂料

鉴别方法和标准见表3-1-2。一般来说，当棉纱浸入硝基稀释剂，并且在涂装表面上摩擦时，擦不掉的涂料便是烘烤型或聚氨甲酸酯型，而可擦到布上的涂料则是硝基型。

> **注意**：虽然聚氨甲酸酯型和烘烤型涂料通常不受稀释剂的影响，但是如果涂层固化不足，或者涂层变质，那么它们在受到摩擦时也会有些掉色或褪色。

表 3-1-2　鉴别方法和标准

涂料类型	对硝基稀释剂的反应
热固性氨基醇酸	不溶解
热固性丙烯酸	不溶解
丙烯酸聚氨酯	不溶解
CAB 丙烯酸清漆	溶解
NC 丙烯酸清漆	溶解

（2）评估损坏的程度

板件评估的方法包括目测评估、触摸评估和用直尺评估（评估方法视频见二维码。）

1）目测评估。检查荧光灯在面板上的反射，以评估损坏的程度及受影响的面积的大小，如图3-1-4所示。

2）触摸评估。戴上手套（最好为棉质），从各个方向触摸受损害的区域，但是不要用任何压力，并集中精力用手掌感受，如图3-1-5所示。

图 3-1-4　目测评估　　　　　　　　图 3-1-5　触摸评估

3）用直尺评估。将直尺安放在被损坏的车身钣金件上，评估其间隙的大小，如图3-1-6所示。

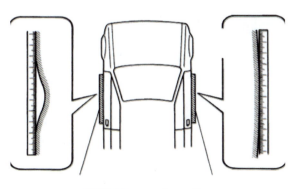

图 3-1-6　用直尺评估

（3）修理车身板上的凸出部分

修理车身板上的凸出部分，如图3-1-7所示。修理时注意力度，如果用力过大，便会使损坏面积扩大，或者使整个车身板变形。

（4）清除涂料

使用单作用打磨机配合P60或P80号砂纸将原表面受损的漆膜完全清除，以提高板件的附着力，如图3-1-8所示。

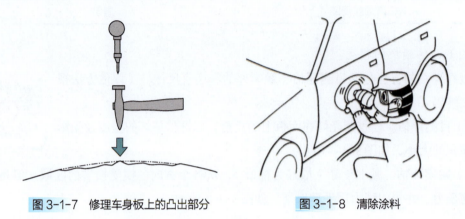

图 3-1-7　修理车身板上的凸出部分　　　　　图 3-1-8　清除涂料

（5）磨缘

清除旧涂料后便可开始制作羽状边，使用双作用打磨机，配合P120号砂纸，沿着损伤边缘打磨出一个大约宽度为30mm的斜边，如图3-1-9所示。

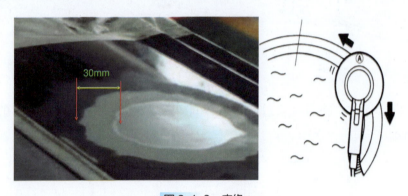

图 3-1-9　磨缘

> **注意**：
>
> 1）如果附近有特征线，那么要贴胶带，以防止受到损坏，以及防止在磨缘过程中损坏面积扩大。一定要在接触板件表面后才能开动打磨机，否则会产生很深的划痕。
>
> 2）为了防止板件过热和变形，不要将打磨机停在一个位置过长时间。

（6）清洁和除油

清洁即除去表面灰尘，此时的气压应高于喷涂时的压力，如图3-1-10所示。

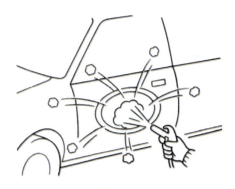

图3-1-10 清洁

除油（两块擦拭布、一湿一干）如图3-1-11所示。

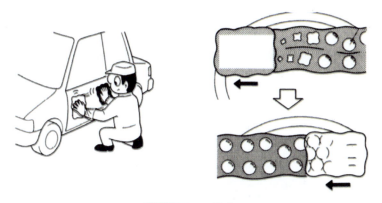

图3-1-11 除油

（7）施涂底漆

在裸露金属区域施涂底漆，以防止其生锈、增加附着力，如图3-1-12所示（施涂方法视频见二维码）。

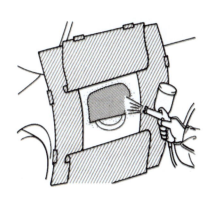

图3-1-12 施涂底漆

二、车身遮蔽防护

1. 遮蔽的目的

遮蔽是一种保护方法，它是利用专用遮蔽胶带、遮蔽纸、遮蔽膜等相关遮蔽材料盖住需要保护的表面。遮蔽工作非常重要，常用在喷涂作业之前，同时也可用于打磨、抛光作业，根据实际工作对象和目的的不同，遮蔽所用的材料和方法也有所不同，如图3-2-1所示。

图 3-2-1　车身遮蔽防护

2. 遮蔽所用的材料及选用

（1）遮蔽胶带

遮蔽胶带用于固定遮蔽纸、遮蔽膜及边界部位的遮蔽。涂装专用的遮蔽胶带必须具有耐60~80℃高温烘烤和抗溶剂渗透的能力，能在喷涂、烘烤后撕下不会留下残胶。

遮蔽胶带种类、规格繁多，通常有普通纸质胶带、纸质褶皱表面胶带、分色胶带、缝隙胶带、窗缘密封胶条胶带等，应根据现场施工需要选择合适的胶带。

1）普通纸质胶带：用于固定遮蔽纸或遮蔽膜及不可拆卸饰条及边界部位的遮蔽，如图3-2-2所示。

2）纸质褶皱表面胶带：具有较好的延展性，适用于贴护弯角、曲面部位，不易脱落，如图3-2-3所示。

图 3-2-2　普通纸质胶带　　　　　　　　　图 3-2-3　纸质褶皱表面胶带

3）分色胶带：用于双色或多色喷涂，能够保证不同颜色色漆涂装分界清晰、整齐、无缺陷，如图3-2-4所示。

4）缝隙胶带：用于板件之间的缝隙，避免涂料飞入缝隙，并可防止产生喷涂台阶，可简化车身板件之间缝隙区域的遮蔽。

5）窗缘密封胶条胶带：用于插在车身钢板和密封条或玻璃防护条之间，使密封条和车身之间形成缝隙，喷涂完成撤去胶带后，使车身与密封条接触部位不会产生台阶，如图3-2-5所示。

图 3-2-4　分色胶带

图 3-2-5　窗缘密封胶条胶带

（2）遮蔽纸

遮蔽纸用于遮蔽，如图3-2-6所示。

（3）遮蔽薄膜

遮蔽薄膜能很快覆盖大面积车身，如图3-2-7所示。

图 3-2-6　遮蔽纸

图 3-2-7　遮蔽薄膜

（4）遮蔽材料的选用

1）遮蔽汽车风窗玻璃时，可选用2层宽380mm或以上的遮蔽纸。

2）遮蔽汽车侧窗时，可选用宽300mm以上的遮蔽纸。

3）遮蔽汽车中网、保险杠时，需要使用不同宽度的遮蔽纸，最常用的宽度是152mm和380mm。

4）遮蔽车门侧柱周围时，可选用宽152mm的遮蔽纸。

5）遮蔽外反光镜时，可以选用宽152mm的遮蔽纸。

6）遮蔽尾灯时，应选用宽152mm或228mm的遮蔽纸。

7）遮蔽车轮时，可用大小合适的遮蔽罩。

8）遮蔽车门把手时，可以使用宽20mm的遮蔽胶带。

9）遮蔽镀铬件时，选用宽20mm或者更宽的遮蔽胶带。

10）遮蔽文字或标记时，应使用宽3mm或6mm的遮蔽胶带。

3. 车身遮蔽防护步骤

（1）个人防护

施工人员应戴帽子，穿工作服、工作鞋，如图3-2-8所示。

（2）局部喷涂遮蔽

1）正向遮蔽法。正向遮蔽法是指遮蔽纸的外面朝外、里面朝内的一种遮蔽方法。遮蔽中多用到此方法，尤其是在板块区域喷涂时使用最多，如翼子板、车门、机盖之类区域单独或组合喷涂时，如图3-2-9所示。

图 3-2-8　个人防护

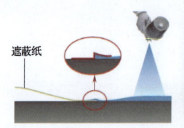

图 3-2-9　正向遮蔽法

2）反向遮蔽法。反向遮蔽法是指将遮蔽纸盖在待喷涂的部位，然后用遮蔽胶带固定，并沿固定边为轴翻转遮蔽纸到非喷涂区，使得遮蔽纸原来的里面朝外、外面朝里的一种遮蔽方法。这种方式可以减少喷涂"台阶"的产生，让新涂层与旧涂层的边界过渡平滑，适用于点修补、驳口部位的遮蔽，如图3-2-10所示（局部喷涂反向遮蔽法视频见二维码）。

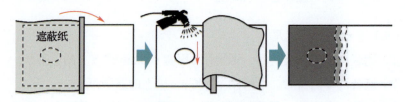

图 3-2-10　反向遮蔽法

3）遮蔽注意事项。

①遮蔽前首先要对遮蔽区及相邻部件进行彻底的清洗，尤其是一些缝隙、死角。特别是粘贴胶带的区域要做进一步的清洁除油，确保无油、无尘、无水。

②局部喷涂时过渡区需采用反向遮蔽。

③局部喷涂遮蔽时，必须给喷涂留有足够的宽度，反向遮蔽的边界离原子灰至少要10cm以上。此外，被涂板件1~2m外的部位都需要遮蔽，包括板件间的缝隙。

4）局部喷涂遮蔽的合格标准。

①遮蔽范围适合，符合中涂底漆喷涂的要求，原子灰边缘距遮蔽边界部位应大于100mm以上，以给中涂底漆施工留出足够大的范围（图3-2-11）。

②反向遮蔽弯折区遮蔽纸应自然弯曲。

③遮蔽胶带应粘贴牢固，无法用吹尘枪吹开脱胶。

④非涂区相邻1~2m范围内部件应全部遮蔽。

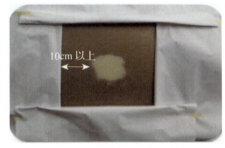

图3-2-11　原子灰边缘距遮蔽边界

（3）缝隙部位遮蔽

遮蔽时，除了对喷涂区相邻部件外表进行有效遮蔽外，还需要对相邻部件的缝隙进行遮蔽，以免喷涂作业时的飞漆污染。缝隙部位遮蔽方法因遮蔽材料不同而有所差异。方法一：利用缝隙胶条进行遮蔽；方法二：用遮蔽胶带配合遮蔽纸进行遮蔽。

分隔喷涂区与非喷涂区的区域叫作边界，遮蔽边界的选择必须根据修理的范围及喷涂的方法进行确定，具体分类如图3-2-12 ~ 图3-2-14所示。

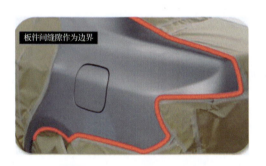

图3-2-12　与板件间的缝隙

图3-2-13　密封胶处

a）车身上特征线位置作为边界

b）车身平面作为边界

图3-2-14　以特殊位置作为边界

缝隙部位遮蔽注意事项:

1)遮蔽前清洁除油:遮蔽前要对粘贴区进行清洁除油,确保无油、无尘、无水。

2)缝隙遮蔽方法:用遮蔽纸配合遮蔽胶带或用缝隙胶带进行遮蔽。

3)缝隙部位遮蔽的合格标准:遮蔽材料完全遮挡缝隙,保证飞漆、漆雾无法进入和污染内饰,粘贴牢固。

（4）整板喷涂遮蔽

当车身上某个板块或几个板块需要喷涂时,需要对相邻的板件进行有效的遮蔽,以避免飞漆、漆雾的污染,如图3-2-15所示。

遮蔽不当造成缺陷的处理:

1)涂料涂附于未涂区。

形成原因:遮蔽区太小,导致漆雾飞散至未涂区;遮蔽区有缝隙,如图3-2-16所示。

解决方法:清除表面涂层,抛光。

图3-2-15　整板喷涂遮蔽

2)喷涂台阶。

形成原因:遮蔽方法不正确,未采用反向遮蔽;喷涂方法不正确,如图3-2-17所示。

解决方法:打磨后重新喷涂。

图3-2-16　涂料涂附于未涂区　　图3-2-17　喷涂台阶

3)遮蔽材料粘附于车身上。

形成原因:选用不合格的遮蔽材料,导致涂料渗透遮蔽材料粘附于车身表面,如图3-2-18所示。

解决方法:用除油剂清除后抛光。

4)遮蔽胶带脱胶。

形成原因:遮蔽胶带质量不合格,脱胶,如图3-2-19所示。

解决办法:用除油剂擦除后抛光;新喷涂层干燥前去除胶带。

图 3-2-18　遮蔽材料粘附于车身上

图 3-2-19　遮蔽胶带脱胶

5）整板喷涂遮蔽注意事项。

①遮蔽前清洁除油。

②确定遮蔽方法：整板喷涂多采用正向遮蔽的方法；缝隙部位可采用缝隙胶带或遮蔽纸进行遮蔽；遮蔽顺序为先遮蔽缝隙后遮蔽车身外表面。

③确定遮蔽范围：遮蔽范围的大小，与喷涂方法、走枪方式、漆雾的扩散范围等都有密切的关系。通常被涂板件外1~2m的部位都需要遮蔽，包括板件间的缝隙。

④遮蔽材料的清除。一般来说，遮蔽材料应在新涂层干燥后尽早去除，可抓住胶带的边缘沿着涂层表面的方向剥下胶带。但也有些情况例外，一些装饰条上的遮蔽材料应在抛光后再去除，可保护装饰条在抛光中不受研磨剂的影响；沿着一些边界的遮蔽胶带应在新涂层喷涂后趁涂层还是软的时候就要小心撕下，一旦涂层变干变脆便难以剥离。

⑤遮蔽合格标准：遮蔽范围适合，相邻部件1~2m及缝隙完全遮蔽；遮蔽胶带粘贴牢固，无法用吹尘枪吹开脱胶。

（5）遮蔽案例

1）后门喷涂时的遮蔽。

①使用塑料薄膜，将顶篷、翼子板、门开口部位、行李舱同时遮蔽，如图3-2-20所示。

②门框部位用胶带分界，如图3-2-21所示。

图 3-2-20　塑料薄膜遮蔽

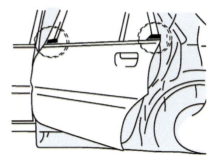
图 3-2-21　门框胶带分界

③门把手的安装部位,用胶带从车内侧分界,如图3-2-22所示。

④贴上遮蔽纸,在胶条部位分界,如图3-2-23所示。

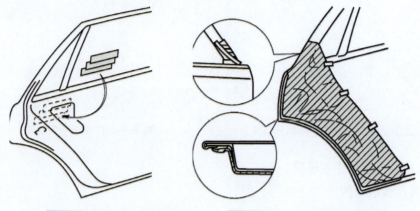

图3-2-22　门把手内侧分界　　　　图3-2-23　在胶条部位分界

⑤关后门时注意遮蔽纸不要露到外面,并拉拽塑料薄膜,不让它接触到后门,如图3-2-24所示。

图3-2-24　遮蔽纸不能接触后门

⑥固定遮蔽塑料薄膜,如图3-2-25所示。

图3-2-25　固定遮蔽塑料薄膜

⑦后门前端的凸缘部位用胶带粘贴牢靠，中心立柱和后门前部内侧同时遮蔽，如图3-2-26所示。

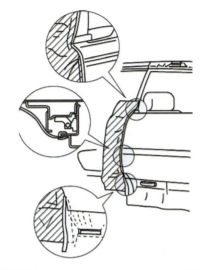

图3-2-26　中心立柱与后门前部内侧遮蔽

⑧用另外的塑料薄膜临时固定住后门外侧，遮蔽位置靠内，如图3-2-27所示。

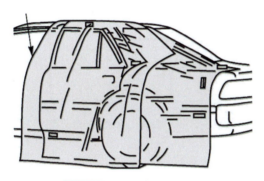

图3-2-27　遮蔽位置靠内

⑨关上前门，夹住塑料薄膜，在前门侧叠成两层，如图3-2-28所示。

图3-2-28　遮蔽前门

⑩遮蔽纸不应接触后门，拉平皱褶后固定，如图3-2-29所示。

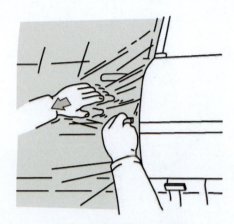

图3-2-29　拉紧前门遮蔽纸

⑪锁部位的遮蔽膜用胶带固定，并在门玻璃部位贴上遮蔽纸，如图3-2-30所示。

图3-2-30　后车门喷涂时的遮蔽完工

2）前翼子板和前门喷涂时的遮蔽。

①在前立柱及其周边贴上胶带，如图3-2-31所示。

②将胶条的端部固定在内侧，如图3-2-32所示。

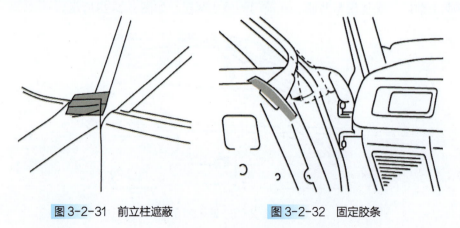

图3-2-31　前立柱遮蔽　　　　　　　图3-2-32　固定胶条

③将胶条及电线线束遮蔽，如图3-2-33所示。

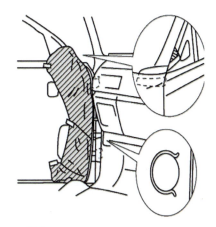

图 3-2-33　遮蔽胶条及电线线束

④将门框部位用胶带贴好。门拉手的安装孔要从室内用胶带堵住，如图3-2-34所示。

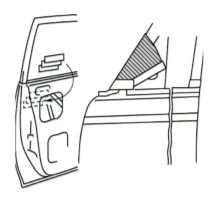

图 3-2-34　遮蔽门拉手

⑤车门胶条部位沿边缘用纸贴好，如图3-2-35所示。

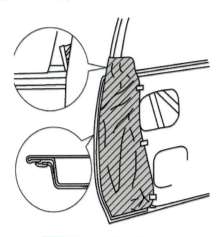

图 3-2-35　固定车门胶条

⑥使用塑料薄膜，将顶篷、后门、门开口部位和门锁部位同时遮蔽，如图3-2-36所示。

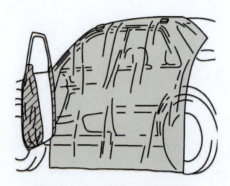

图 3-2-36　使用塑料薄膜遮蔽

⑦纸不要露在外面，关前门时要注意拉拽塑料薄膜，不要接触前门，如图3-2-37所示。

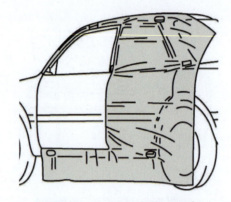

图 3-2-37　固定遮蔽塑料薄膜

⑧在发动机室的前翼子板安装部位贴上遮蔽纸，如图3-2-38所示。

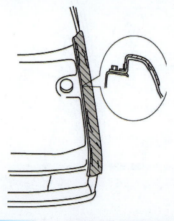

图 3-2-38　前翼子板安装部位遮蔽

⑨关闭发动机舱盖，将遮蔽纸朝向机舱盖折叠。

⑩遮蔽小灯的安装部位及发动机舱盖的后端，如图3-2-39所示。

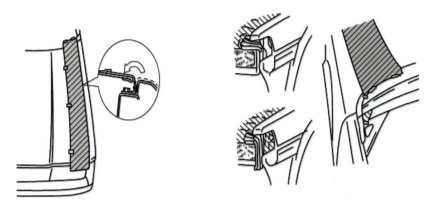

图 3-2-39　小灯安装部位及发动机舱盖后端遮蔽

⑪使用塑料薄膜遮蔽风窗玻璃、机舱盖、前照灯、前隔栅的散热器部位。

⑫遮蔽前翼子板下部的黑色涂装部位、前门玻璃，如图3-2-40所示。

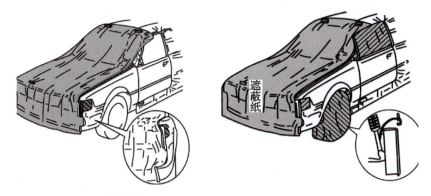

图 3-2-40　前翼子板和前门喷涂时的遮蔽

三、羽状边打磨

1. 羽状边打磨的目的

如果某一区域受到冲击，就有可能影响涂膜与金属之间的附着力，必须清除原有涂膜。清除了旧涂膜的边缘是很厚的，为产生一个宽的、平滑的边缘，可以将涂膜的边缘打磨成一个平滑的斜坡，称之为羽状边，整个打磨过程即羽状边的打磨，如图3-3-1所示。

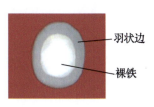

图 3-3-1　羽状边形状

如果没有做羽状边打磨就直接补上原子灰，会造成漆面出现原子灰印。在烤漆施工完成后，所补的原子灰经过一段时间还是会略微下陷，而这时候，如果底层没有做羽状边打磨，就会因为斜面过于陡峭而使痕迹出现。但是如果将每一个断层进行1~3cm的羽状边打磨，斜面便可承受原子灰经过长时间后下陷造成的高低差，而不会出现痕迹，如图3-3-2所示。

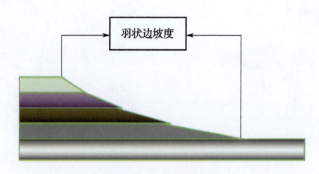

图 3-3-2　羽状边坡度

2. 羽状边打磨方法

（1）个人防护

作业时，应佩戴帽子、护目镜、过滤器型面具、工作服、手套、工作鞋，如图3-3-3所示。

（2）羽状边打磨方法

羽状边的研磨方法很多，可以沿着旧漆边缘转动打磨，也可以从旧漆面向损伤区域打磨。无论采用哪一种方法，都必须遵循以平滑为原则，如图3-3-4所示（打磨羽状边方法视频见二维码）。

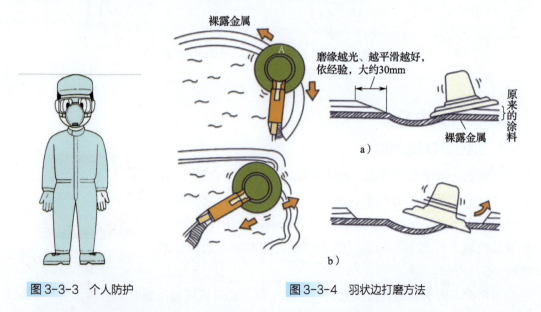

图 3-3-3　个人防护　　　　　图 3-3-4　羽状边打磨方法

打磨时使用偏心振动的7mm研磨机配合P120砂纸打磨，对于未曾修补过的新漆膜，羽状边的宽度应研磨至3cm；对于已经修补过多次的漆膜，每层至少研磨5mm。不管漆膜新旧，对羽状边研磨效果的最终判断是平顺、无台阶且研磨范围尽可能小，如图3-3-5所示。

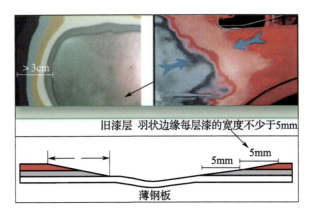

图3-3-5　羽状边的宽度

使用P120砂纸打磨出羽状边后，还应使用P180砂纸配合7mm研磨机对羽状边边缘进行打磨，使羽状边更光滑，并且可以去除P120砂纸痕。从羽状边的边缘起向外3~5cm的范围内还应使用P240砂纸配合7mm研磨机磨毛，为原子灰施工提供操作区域，如图3-3-6、图3-3-7所示。

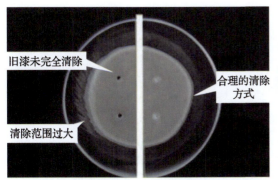

图3-3-6　旧漆层清除效果

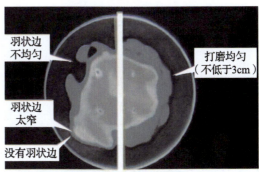

图3-3-7　羽状边打磨效果

3. 羽状边打磨步骤

（1）清洁损伤部位

在施工前要对损伤部位进行清洁，以防止油污影响砂纸寿命，同时防止灰尘带进实操区，如图3-3-8所示。

> 注意：在使用除油剂时应佩戴防毒面具、耐溶剂手套，应始终穿戴好工作鞋和工作服。

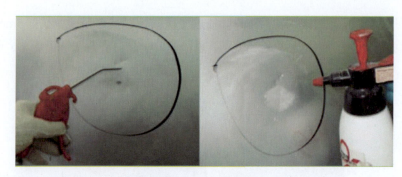

图 3-3-8　清洁损伤部位

（2）设备选用

清除旧漆层应选用7mm或5mm研磨机并配合P80砂纸进行打磨，如图3-3-9所示。

注意：研磨机偏心越大，打磨效率越高，砂纸痕越粗。在选择时要根据工作内容选择。

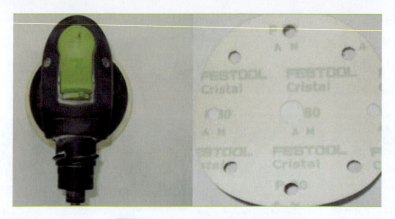

图 3-3-9　研磨机和 P80 砂纸

（3）设备调试

将干磨机控制开关打到"AUTO"挡，把砂纸贴在干磨头上，测试干磨机运转情况。如果运转无力，则按照厂家要求检查相关部件参数是否设置在规定范围内。

注意：砂纸上的吸尘孔要和干磨头吸尘孔对齐，否则会影响吸尘效果、电动机寿命，还会使磨头毛毡磨损。

（4）清除旧漆层

将打磨机放在板件上再起动打磨机，按照从左至右、从右至左的方式往复打磨清除干净受损区域的所有旧漆层（去除旧漆层方法视频见二维码）。

注意：

1）清除旧漆膜时打磨盘与板件夹角应适当，夹角太大会损伤板件，太小会增加打磨时间。

2）打磨头放在板件上再起动，否则会出现较深的沟槽或打磨头反弹造成漆膜的二次损伤。

3）为防止板件过热变形，不要使打磨机在一个位置停留时间过长。打磨过程中要对打磨效果进行阶段评估。

（5）检查受损区域内的旧漆打磨情况

如果还残余旧漆，应使用打磨机或手工工具将损伤部位的旧漆层全部清除干净，否则会影响附着力，如图3-3-10所示。

图3-3-10　检查受损区域内的旧漆打磨情况

（6）打磨羽状边

1）穿戴好劳保防护用品。

2）将P120（或P150）干磨砂纸粘贴在振幅为7mm（或5mm）的双作用打磨机上，并调节好转速。

3）将打磨机平放在工件上，将打磨盘的1/2（或1/3）部位轻压在旧漆的断差边缘，其余部分放在损伤区域内。

4）起动打磨机，按照打磨机旋转的方向沿旧漆边缘移动，将旧漆边缘磨出合适宽度的坡口，如图3-3-11所示。

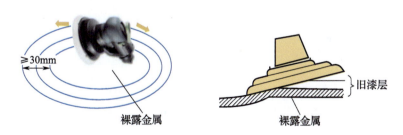

图3-3-11　打磨羽状边

羽状边的标准：每单层1~2cm或坡度总宽3~5cm，如图3-3-12所示。

图 3-3-12　羽状边效果

对于原厂漆一般要求坡口宽度不小于30mm，修补过的涂层因为要比原厂漆涂层厚，所以修补涂层坡口的宽度每个涂层至少不小于10mm，用手触摸坡口，以没有明显的台阶和较陡的坡度为原则。

5）检查打磨效果。操作过程中要对羽状边打磨效果进行阶段评估，确保所有边缘没有台阶，涂层边缘圆滑，均匀平缓过渡，如图3-3-13所示。

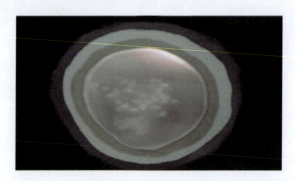

图 3-3-13　检查打磨效果

6）打磨过渡区域。打磨过渡区域可以除去前一道砂纸在周边产生的打磨痕迹，避免喷涂之后出现砂纸痕，同时扩大了原子灰的接触面积，增加了原子灰与底材的接合力，也能使原子灰在周边进行平缓过渡，避免喷涂后面漆表面出现原子灰印现象，如图3-3-14所示。

图 3-3-14　打磨过渡区域

使用吹尘枪清除工件表面的灰尘和打磨微粒，将清洁剂均匀喷洒于工件表面，使该区域湿润，在未挥发之前用干燥的擦拭布将工件表面拭干，以清除工件表面的油渍及静电。

四、原子灰的刮涂

1. 原子灰的作用及分类

原子灰又称汽车腻子，是一种以不饱和聚酯树脂为主要原料，配入了钴盐引发剂、阻聚剂、滑石粉等添加剂，用过氧化物作为固化剂的可根据实际需要，随时调配使用、方便快捷的新型嵌填材料，如图3-4-1所示。

（1）原子灰的作用

1）填平底部板件的不平。

2）增加涂层的厚度。

3）隔绝外界。

4）提高装饰性与面漆的附着力。

固化剂主要作用是与原子灰中的树脂交联，使原子灰快速固化干燥，增加原子灰的硬度，如图3-4-2所示。

图 3-4-1　原子灰

图 3-4-2　原子灰固化剂

注意：固化剂具有腐蚀性，使用时注意不可沾到皮肤。

（2）原子灰的分类

1）普通原子灰（维修使用）为聚酯树脂型，填充性好，主要用于裸钢板的表面，也可用于塑料和玻璃钢件，但刮涂不宜过厚，不适用于镀锌钢板、不锈钢和铝板以及经磷化处理的钢板表面的刮涂（如要使用需喷涂隔绝底漆，如环氧基底漆），如图3-4-3

所示。

2）合金原子灰也称金属原子灰，比普通原子灰好，可以直接用于镀锌钢板、不锈钢和铝板表面的刮涂而不必喷涂隔绝底漆，但不适用于磷化处理的钢板，如图3-4-4所示。

图3-4-3　普通原子灰　　　　　　图3-4-4　合金原子灰

3）纤维原子灰填充料中含有纤维物质，干燥后质轻且附着力强、硬度高，能够直接填充直径小于50mm的孔或锈蚀而无需钣金修复，对孔洞隔绝防腐的能力很强，如图3-4-5所示。

4）塑料原子灰用于柔软的塑料填充，调和后呈膏状，干燥后和塑料一样，如图3-4-6所示。

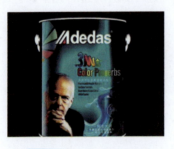

图3-4-5　纤维原子灰　　　　　　图3-4-6　塑料原子灰

5）幼滑原子灰（硝基原子灰）也叫填眼灰，分为双组分和单组分，以单组分常见。它不能大面积使用（填充能力差，不耐溶剂，容易被面漆中的溶剂咬起），一般用在中涂层打磨之后、面漆喷涂之前，如图3-4-7所示。

图3-4-7　幼滑原子灰（硝基原子灰）

（3）原子灰的成分

原子灰也是一种涂料，主要由树脂、颜料、溶剂和填料组成。

常见的原子灰多为双组分产品，需要加入固化剂才能干燥固化。

1）树脂主要有聚酯树脂和环氧树脂。

①聚酯树脂：防止被磷化的裸金属出现盐化反应。

②环氧树脂：可直接使用。

2）颜料：以体质颜料为主，配以少量的着色颜料。着色颜料以黄、白色为主，主要作用是降低彩度，提高面色的遮盖能力。

3）填料：主要有滑石粉、碳酸钙和沉淀硫酸钡等，其有填充作用并能提高原子灰的弹性、抗裂性硬度以及施工性能等。

4）固化剂：聚酯类原子灰使用过氧化物作为固化剂。环氧树脂类多用胺类作为固化剂。

2. 原子灰与固化剂的调和

原子灰必须与固化剂一起使用，才能快速固化干燥。

> **注意**：原子灰与固化剂调和时，固化剂的用量有一定范围，应根据气温的变化进行适当调整，具体数值应以产品说明书为准，见表3-4-1。

表 3-4-1　原子灰使用说明

	环境温度	固化剂用量
	当环境温度小于10℃时	固化剂约加入原子灰质量的3%
	当环境温度在10~20℃时	固化剂约加入原子灰质量的2%
	当环境温度大于20℃时	固化剂约加入原子灰质量的1%

3. 原子灰施涂工具

原子灰的调配及施涂作业中需要的工具有清洁的调和板（金属、木头或玻璃材质）、干净的刮刀及刮板（金属或塑料材质），如图3-4-8所示。

刮刀是原子灰施涂作业中的主要工具，按其软硬程度的不同，可分为硬质刮刀和软质刮刀。

（1）硬质刮刀

硬质刮刀适用于大面积的刮涂作业　如大的凹坑、大的平面缺陷部位等，由于其刮口硬度较高，易于刮涂

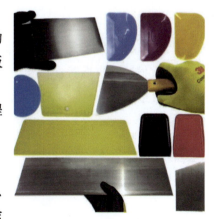

图3-4-8　原子灰施涂工具

平整，因此工效高、用料少。硬质刮刀主要有金属刮刀和塑料刮刀。

（2）软质刮刀

软质刮刀主要用于刮涂圆弧形、曲面形状的部位，主要有橡胶刮刀和塑料刮刀。

4. 原子灰的刮涂步骤

原子灰的刮涂步骤如下（刮涂方法视频见二维码）。

（1）个人防护

作业时，应佩戴帽子、护目镜、过滤器型面具、工作服、抗溶剂手套、工作鞋，如图3-4-9所示。

（2）检查原子灰的施涂面积

确定需要准备的原子灰用量，检查原子灰的施涂面积。

（3）取原子灰及固化剂用量

将适量的原子灰基料放在调和板上，然后按规定的混合比例添加一定量的固化剂，一般为2%~3%（质量分数），应参照生产厂商的要求，如图3-4-10所示。

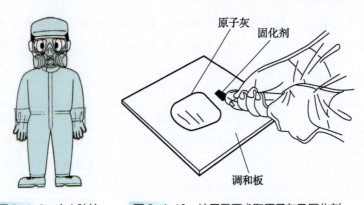

图3-4-9　个人防护　　图3-4-10　按用量要求取原子灰及固化剂

（4）调和原子灰

1）正确执刀。

①直握法：直握时食指和中指压紧刮刀的刀板，另外三指及手掌紧握刮刀柄。这种执刀方法适用于小型钢片刮刀刮涂小面积，如图3-4-11所示。

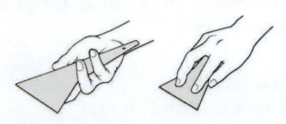

图3-4-11　直握法

②横握法：横握时拇指和食指夹持刮刀靠近刀柄的部位或中部，另外三指压紧刮刀的刀板，如图3-4-12所示。

③其他握法：根据刮刀的大小及形状的不同，可以选择其他握法，以方便施工、保证质量，如图3-4-13所示。

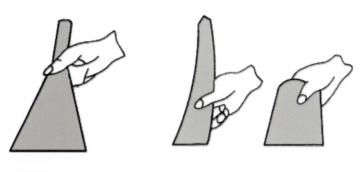

图3-4-12　横握法　　　　　图3-4-13　其他握法

2）步骤。

①用刮刀先将固化剂混入原子灰中，然后将两者混合，再来回刮抹，使之混合均匀（可根据颜色的混合均匀度观察）。

②使用刮刀的尖端舀起固化剂并将它放在原子灰上，如图3-4-14所示。

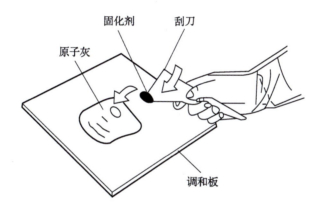

图3-4-14　添加固化剂

注意：调和原子灰时动作一定要快。因为原子灰添加了固化剂之后，一般使用寿命只有几分钟，而且环境温度越高，使用寿命越短，调和时花费的时间越长，可刮涂的时间就越短，甚至有时还没调和好就已经干燥。

③搅拌，使用刮刀的尖端，将固化剂均匀地散布在原子灰的整个表面上，如图3-4-15所示。

图 3-4-15　搅拌原子灰与固化剂 1

④用刮刀刮起 1/3 的原子灰，以刮刀右边为支点，翻转至其余原子灰上，如图 3-4-16 所示。

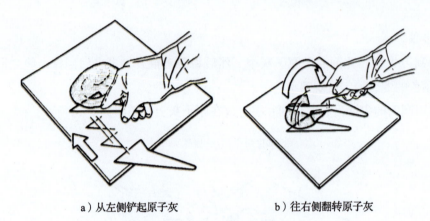

a) 从左侧铲起原子灰　　　　b) 往右侧翻转原子灰

图 3-4-16　搅拌原子灰与固化剂 2

⑤回抹，将刮刀与调和板基本持平，并将刮刀向下压。一定要将刮刀在调和板上刮削，不要让原子灰留在刮刀上，如图 3-4-17 所示。

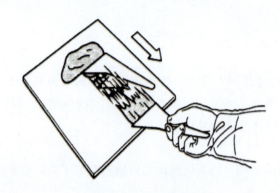

图 3-4-17　压制原子灰 1

⑥抓住刮刀，轻轻提起其端头，再将它插入原子灰下面，然后从调和板的右侧铲起原子灰，如图3-4-18所示。

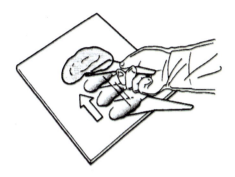

图 3-4-18　从右侧铲起原子灰

⑦将原子灰翻转，如图3-4-19所示。

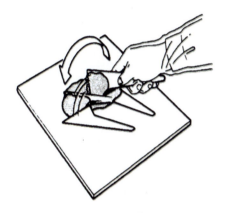

图 3-4-19　往左侧翻转原子灰

⑧回抹，将刮刀与调和板基本持平，并将刮刀向下压，如图3-4-20所示。

图 3-4-20　压制原子灰2

⑨重复上述步骤直至将原子灰搅拌均匀，如图3-4-21所示。

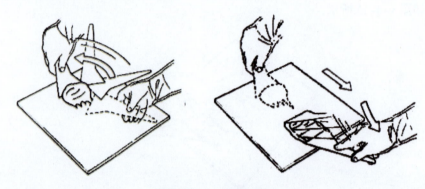

图3-4-21　搅拌原子灰

（5）施涂原子灰的方法

1）局部填补凹坑区域的施工。采用放射式施涂方法，先将原子灰放在凹坑中部，再用刮刀把原子灰从中部向四周刮涂，如图3-4-22所示。

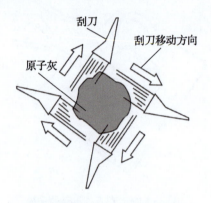

图3-4-22　放射式施涂方法

2）大面积区域采用直刮式或横刮式施涂方法，如图3-4-23所示。

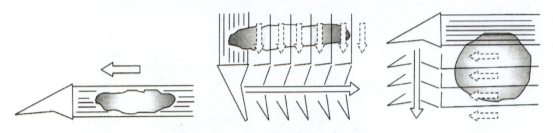

图3-4-23　直刮式或横刮式施涂方法

3）对弧形表面区域施涂原子灰时，应根据施涂面的形状，使用有弹性的橡胶刮刀，如图3-4-24所示。

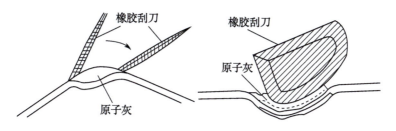

图 3-4-24　弧形表面施涂原子灰

4）对具有棱角线的区域施涂原子灰时。

①沿棱角线贴上遮蔽胶带，盖住一侧，对另一侧施涂原子灰，如图3-4-25所示。

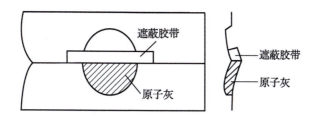

图 3-4-25　沿棱角线贴上遮蔽胶带

②待施涂的原子灰半干燥时，揭去遮蔽胶带，如图3-4-26所示。

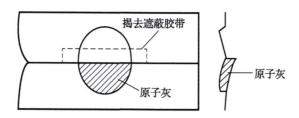

图 3-4-26　揭去遮蔽胶带

③在施涂过原子灰的棱角线贴上遮蔽胶带，对剩下的一侧施涂原子灰，如图3-4-27所示。

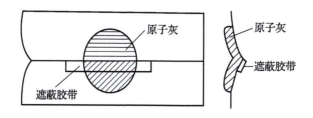

图 3-4-27　在施涂过原子灰的棱角线贴上遮蔽胶带

④待施涂的原子灰半干燥时，揭去遮蔽胶带。

（6）注意事项

1）原子灰刮涂的方向要根据损伤部位的形状及工件的形状来决定，如图3-4-28所示。

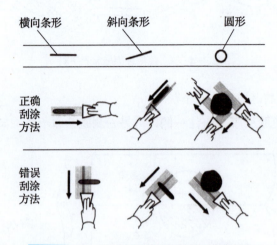

图 3-4-28　原子灰刮涂正确方法与错误方法

2）如果刮刀在各道施涂中，仅向一个方向移动，原子灰高点的中心就会有所移动，如图3-4-29所示。

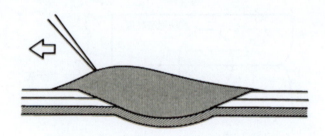

图 3-4-29　原子灰只向一个方向刮涂的效果

图3-4-29所示这种情况很难打磨，所以刮刀在最后一道时必须反向移动，以便将原子灰高点移回中央，如图3-4-30所示。

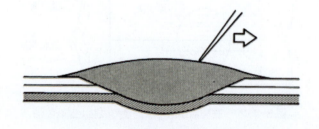

图 3-4-30　原子灰反向刮涂之后的效果

刮完的原子灰必须比原来的表面高（图3-4-31），但是最好是略微高一点，因为如果太高了，在打磨过程中，就要花许多时间和力气来清除多余原子灰。

刮涂后的表面不能形成周围高，中间低的形状（图3-4-32），这样更难打磨，而且中间部位有可能没刮起来。

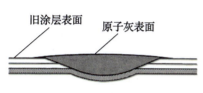

图 3-4-31　刮涂较平的原子灰

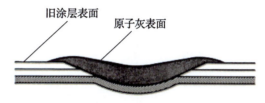

图 3-4-32　周围高中间低的原子灰

3）原子灰施涂在工件表面上的范围，必须控制在磨毛区范围内（图3-4-33）。

4）施涂原子灰要快，必须在混合以后大约3min以内施涂完。

5）原子灰在固化过程中会产生热。一定要确认原子灰已经凉透了，才能将之弃置（或丢弃在盛放有清水的垃圾桶里）。

6）原子灰刮涂时应采用薄刮多层的做法，这样可以有效避免由于厚涂产生气泡等缺陷。多层刮涂时必须后一层刮涂的范围要比前一层大，避免最后刮完后形成多级台阶状，增加打磨的难度，如图3-4-34所示。

图 3-4-33　原子灰施涂控制在磨毛区范围内

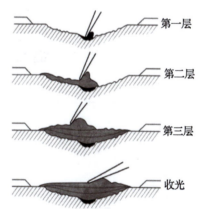

第一层

第二层

第三层

收光

图 3-4-34　采用薄刮多层的做法

（7）车门中部区域施涂原子灰

1）施涂第一层原子灰：用硬刮具施涂，对较大凹坑可选用较宽的硬刮具。将刮刀竖起沿底材薄薄地压挤施涂，确保原子灰透入细小的划痕和针孔。此层原子灰只求平整，不求光滑。对汽车车身表面较大凹坑的施涂只需要初步平整即可，不要为了一次刮平而使原子灰层厚度超过5mm。施涂方向横、竖均可，以有利于填平凹坑为准则。对汽车车身表面折口及轮廓线处施涂时要注意造型及平直性，为以后施涂各层原子灰操作打下良好的基础，如图3-4-35、图3-4-36所示。

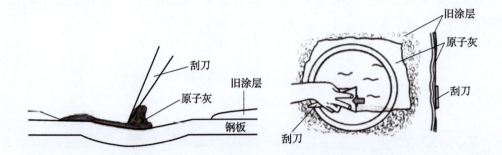

图 3-4-35　施涂第一层原子灰

2）施涂第二层原子灰：汽车车身平面处仍用硬刮具施涂，但对圆弧较大部位也可适当使用橡胶刮具或塑料刮具，刮刀倾斜大约35°~45°。

此层原子灰仍以填平为主，不求光滑。

施涂时的面积应略大于第一层原子灰的面积，注意边缘原子灰的平直性。较大底材施涂时与上一层原子灰的接口应错开，即不要使各层原子灰的接口在同一部位，以免产生缺陷。施涂的方向应顺着流线型（按汽车造型水平方向）方向，并遵循从上到下、从右到左的原则，施涂时尽可能拉长一些，以减少施涂接口，如图3-4-37所示。

图 3-4-36　第一层压实薄刮层

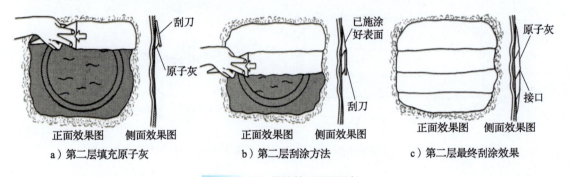

a）第二层填充原子灰　　b）第二层刮涂方法　　c）第二层最终刮涂效果

图 3-4-37　施涂第二层原子灰

3）施涂第三层原子灰：应使用弹性较好的橡胶刮具或塑料刮具，平面处也可用硬刮具。

这一层原子灰主要填充前两层原子灰留下的砂孔以及遗漏的轻微凹陷。

此层原子灰施涂方向与上一层原子灰操作相同。局部施涂时的原子灰层面积稍大于上一层原子灰的面积，同时注意原子灰层边缘与旧涂层过渡平缓。对于汽车车身表面若隐若现的轮廓外形线，施涂时要注意其平直性。

4）施涂第四层原子灰：使用硬一些的刮具施涂第三层可能遗留下来的微小砂孔痕迹。利用硬刮具的刮口薄薄均匀地施涂一层光滑原子灰，刮刀呈倒平状。局部施涂的原子灰层面积可扩大一些，以消除旧涂面上打磨时可能遗留下来的砂纸痕迹，确保喷涂工作顺利进行，如图3-4-38所示。

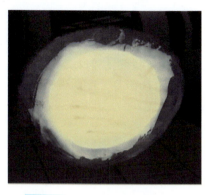

图3-4-38　施涂第四层原子灰

五、原子灰的干燥

1. 干燥原子灰的方法及设备

干燥方法有两种：自然干燥和烘烤干燥。

烘烤干燥常见为红外线干燥。

（1）红外线干燥概述

红外线波长范围在0.76~100μm之间，一般将波长为0.76~5.6μm的这一段称为近红外线，而将波长为5.6~100μm的这一段称为远红外线。

当红外线辐射到达物体时，一部分被物体表面反射，一部分被物体所吸收，其余部分透过物体。被吸收的红外线辐射能量就转变成热能，使物体温度升高，被吸收的能量越大，物体的温度就升得越高。红外线波长不同，其穿透漆膜的能力也不同，波长越短，穿透能力越强，如图3-5-1所示。

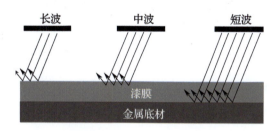

图3-5-1　红外线干燥特性

（2）红外线干燥的特点

1）干燥由内层向外，溶剂容易挥发，干燥彻底、迅速，一般可提高效率2~5倍。

2）涂层干燥均匀，可大大减少由于溶剂蒸发而产生的针孔、气泡现象，干燥质量好。

3）升温迅速，缩短了干燥时间。

4）红外线干燥设备结构简单，投资费用低、效率高、节能、无污染、占地面积小。

5）红外线辐射具有方向性，可用于局部加热。

6）使用时，尽量使工件表面受到红外线的直接照射，如图3-5-2所示。

（3）常见的红外线干燥设备

1）红外线辐射加热器：一般由金属板、管，碳化硅板、陶瓷几部分组成。红外线辐射加热器形状一般分为管状、平板状及灯泡状三种，如图3-5-3所示。

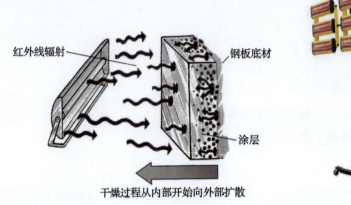

图 3-5-2　红外线干燥原理　　　　图 3-5-3　红外线辐射加热器

2）连续式通道烘干室：应用于大批量生产的一种烘干设备。连续式通道烘干室大多采用红外线干燥。根据输送带运行的路线和方向，其可分为单程和双程、水平单程和双程、垂直单程和双程。

3）短波红外线烤漆房：使用红外线辐射原理加热，具有环保、高效、节能的特点；辐射距离 >500mm，可用于对整车涂层烘烤；独立式开关系统也可对汽车涂层的原子灰、底漆、面漆进行局部烘烤。

2. 检查原子灰干燥效果

烘干室温20℃时，需15~30min。

用指甲轻轻地划过原子灰边缘较薄的地方，如果划痕较浅且呈白色，则说明原子灰已完全干燥，如果划痕较深则说明干燥不彻底。

六、原子灰的打磨

1. 个人防护

作业时，应佩戴帽子、护目镜、过滤器型面具、工作服、手套、工作鞋，如图3-6-1

所示。

2. 原子灰的打磨方式

（1）使用砂纸、砂布打磨

砂布一般不用裁开，而水砂纸一般都裁成二分之一张使用。打磨时用拇指和食指拿住砂纸，拇指在前下侧，食指和中指在上，往下压住打磨。打磨边角等细小部位时，用拇指压住砂纸，其余四指弯缩，来回往返摩擦即可。原子灰表面如有干结的残余的渣块（隆起），要使用铲刀削平，再用浮石带水进行粗磨。如发现磨处有摩擦的痕迹，应查看磨石中有无较硬的砂粒，如有则应将硬砂粒剔除掉。

图 3-6-1 个人防护

（2）使用原子灰锉刀锉削

原子灰的粗锉削，要用专用的原子灰锉刀进行。原子灰层刮涂厚度一般都超过实际需要，所以应该先用锉刀初步锉削打磨后，再使用打磨机进一步打磨，以提高作业效率。

第一步：先用半圆锉锉削。锉削时要注意不能施力过大，否则会在表面留下深深的锉痕。另外锉削方向始终要保持平行，既可全部沿前后方向，也可倾斜或沿上下方向，总之要锉削出平整的表面。

第二步：为消除半圆锉锉痕，使用平锉进行第二次锉削。如果最初原子灰表面比较平整，可以开始就用平锉。

（3）打磨机打磨

如果填补面积很宽，而且填补的是复合油灰，可以免去锉刀锉削工序，直接用打磨机打磨。打磨时应注意，打磨头的工作面应保持与涂膜表面平行，如图3-6-2所示。

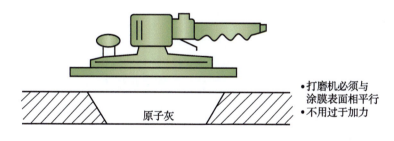

- 打磨机必须与涂膜表面相平行
- 不用过于加力

原子灰

图 3-6-2 打磨机打磨

打磨时不能施力过大，应将打磨机轻轻压住，靠旋转力进行打磨。若施力过大，就不能形成平整表面。打磨机的移动方向如图3-6-3所示。

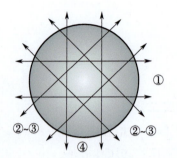

先沿①所示方向左右运动；
随后沿②和③斜向运动；然后
沿④上下运动，这样可以基本
消除变形。如果最后再沿①左
右运动一次，消除变形效果更好

图 3-6-3　打磨机的移动方向

3. 原子灰的打磨步骤

原子灰的打磨步骤包括以下五步（打磨方法视频见二维码）。

（1）碳粉指示剂

碳粉指示剂的主要作用是用来显示涂层缺陷。碳粉指示剂可以修复细微不平整之处，使其立刻变得清晰可见，而且可以用来判断需打磨表面是否已经完全打磨，无遗漏，避免不必要的返工，如图 3-6-4 所示。

图 3-6-4　碳粉指示剂

（2）粗打磨

要求原子灰表面初步平整，不求光滑。

1）机械干磨。采用双作用打磨机或轨道式打磨机。在打磨机上安装固定好 P80 号干磨砂纸。把干磨机贴住原子灰表面后再开动，在原子灰施涂的范围内连续直线移动，不能施力过大，将原子灰表面打磨出大致形状。先按原子灰最长方向来回打磨然后再按垂直、斜向方式进行打磨，如图 3-6-5 所示。

2）手工干磨。使用手工打磨板或手刨，配合 P60~P80 号砂纸打磨，直至底材最高点露底后，即以该最高点为基准，再修整平整度。打磨时注意沿手刨长度方向，顺车身流线型水平方向做来回往复运动。打磨来回幅度要适当长一些，以利于打磨平整。打磨动作要平稳，用力要均匀，当底材最高点露底后，注意与表面的平整性，防止过度打磨再次形成凹坑。打磨呈波浪形的大平面，应选用长一些的手刨打磨局部刮涂的原子灰层，要注意原子灰层与旧涂层的羽状边的平整度及原子灰边缘的平整性，以防产生原子灰层边缘痕迹。打磨折口外形线、圆弧形时要注意弧形及线条的平直性，如图3-6-6所示。

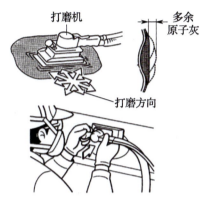

图3-6-5　机械干磨

图3-6-6　手工打磨板

（3）细打磨

按P120—P180—P240—P320号砂纸逐级渐进。

打磨满刮原子灰层时，以车身流线型水平方向为主，垂直方向、斜交叉方向为辅，注意水平方向与垂直方向、斜交叉方向的平整性，动作平稳。

打磨局部刮涂的原子灰层时，要注意打磨面的厚度与旧涂层的平整度，原子灰层的边缘要既平整又平缓。

随着打磨层数的增加，底材上微小的凹坑、砂孔全部消除。细打磨以车身流线型水平方向为主，要注意凸出底材的折线、外形线的平直性，一般不进行垂直方向或斜方向打磨，若底材因具体情况需垂直方向打磨，最后也要进行车身流线型水平方向打磨修整，以免产生垂直方向的打磨痕迹，如图3-6-7所示。

图3-6-7　细打磨

（4）手工修整

使用打磨机大致形成平整表面后，需要进行手工打磨修整。手工打磨板或手刨的大小应与打磨作业面积相适宜。而对于一些圆弧、凹弧或有型线的部位，则需选用或仿制与其形状相似的打板。

对于底材的圆弧、折口、凹角等不宜用手刨的地方，可用拇指夹住砂纸，四指平压于底材上，然后均匀地来回摩擦底材进行修理打磨。

（5）检查原子灰打磨效果

1）初步检查施工质量。检查原子灰施工质量，如果打磨过度必须重新施涂原子灰，再进行干燥、打磨，如图3-6-8所示。

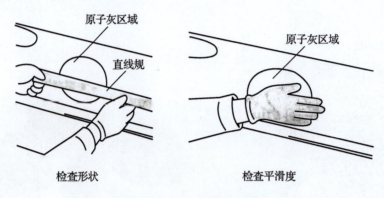

检查形状　　　　　　　　　　检查平滑度

图3-6-8　初步检查施工质量

2）检查针眼。使用擦拭布以及除尘枪进行彻底清洁，吹掉修补区域的灰尘。检查是否存在针眼，如图3-6-9所示。

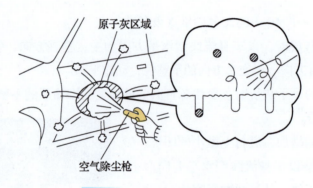

图3-6-9　使用除尘枪彻底清洁

如果有轻微针眼，可用快干填眼灰进行填补。如果有较大的针眼，则使用普通原子灰进行填充，然后再进行干燥、打磨。

七、中涂底漆的打磨

1. 个人防护

作业时，应佩戴帽子、护目镜、过滤器型面具、工作服、手套、工作鞋，如图3-7-1所示。

图3-7-1　个人防护

2. 打磨中涂底漆

打磨中涂底漆步骤如下（打磨方法视频见二维码）。

1）对打磨的区域喷涂或刷涂碳粉指示剂，以便于检查打磨效果和漆面的平整度，如图3-7-2所示。

2）使用3mm气动偏心振动圆磨机配合400号砂纸打磨干燥后的中涂底漆，如图3-7-3所示。

图3-7-2　喷涂或刷涂碳粉指示剂　　　　图3-7-3　打磨干燥后的中涂底漆

3）打磨机配合500号砂纸进行精细研磨，并打磨色漆扩喷区，如图3-7-4所示。

4）使用打磨机配合铂金S1000号砂纸打磨清漆扩喷区，如图3-7-5所示。

图3-7-4　打磨色漆扩喷区　　　　　图3-7-5　打磨清漆扩喷区

5）使用百洁布手工打磨板件边角区域，如图3-7-6所示。

图3-7-6　使用百洁布手工打磨板件边角区域

汽车涂装入门

第四章　车漆颜色的调配与喷涂

一、车漆颜色的调配

1. 色漆的定义

色漆是颜料分散在漆料中而制成的黏稠状液体物质，将其涂覆在物体表面上可以转化成牢固附着的不透明的涂膜，从而对物体起到保护、装饰等作用的一种工程材料。

色漆包括厚漆、调和漆、磁漆，以及可产生具有特殊性能的漆膜如防霉漆、变色漆和夜光漆等。

色漆应有高的分散性、一定的基料含量、适当的施工黏度和贮存稳定性。

2. 色漆与清漆的区别

色漆与清漆的区别在于其中添加的颜料。色漆主要是调和漆，有很强的遮盖能力，而清漆不加颜料，仅为成膜树脂的原色。

3. 色漆的分类

（1）底漆

底漆是色漆配套涂层中起上下连接作用的重要涂层，是色漆复合涂膜的基础。

底漆既能牢固地附着在底材的表面上，又容易与它上面的涂层接合，力学性能优良，同时还可以提供与面漆相协调的保护作用。

（2）面漆

面漆是色漆涂膜直接暴露于表面的涂层，在整个色漆涂层中发挥着主要的装饰和保护作用，它决定了涂层的耐久性。

底漆与面漆的分类见表4-1-1。

表 4-1-1　底漆与面漆分类

种类	类别	种类	类别
底漆	头道底漆	底漆	中涂漆 （二道底漆）
	原子灰		

（续）

种类	类别		种类	类别	
底漆	封闭漆		面漆	磁漆（实色漆）	无光磁漆
	防锈漆			特种面漆	金属漆
面漆	磁漆（实色漆）	有光磁漆			珠光漆
		半光磁漆			美术漆
					功能涂料

4. 调色的原则

（1）1K 色母和 2K 色母

1）1K 色母：指单组分色母，依靠溶剂的挥发固化成膜。用 1K 色母调配出来的补漆颜色一般用于底漆或色漆层，作为汽车漆修补双工序工艺的第一道工序，在干燥后必须喷涂 2K 罩光清漆覆盖。在喷涂时一般为"色漆＋稀释剂"直接施工，无须加固化剂。

2）2K 色母：指双组分色母，由甲组分固化剂与乙组分树脂组成，使用时按一定比例混合才能产生化学反应以达到固化成膜与干燥的效果。用 2K 色母调配而成的修补漆可直接作为面漆使用，无须加喷 2K 罩光清漆覆盖。在喷涂时按"色漆＋固化剂＋稀释剂"施工。

（2）金属漆

汽车用金属漆是指加了铝粉的色漆，在喷完之后还要在上面喷上一层清漆（双工序工艺），用以保护金属颗粒不被损伤和有光亮度，如聚氨酯、丙烯酸等高光镜面漆。

金属漆是烤漆的一种，需要多道烤漆工艺。

烤漆是指喷涂后不让工件自然固化，而是将工件送入烤漆房，通过电热或远红外线加热，使漆层固化。

金属漆特点如下：

1）银粉就是铝粉。

2）银粉漆里的色母越透明越好。

3）颗粒大小与正侧面明暗度的关系：颗粒越粗，正面越亮，侧面越暗；颗粒越细，正面越灰，侧面越浅。

4）颗粒大小与遮蔽力的关系：细银粉闪烁程度低，遮盖力好，能使侧面颜色变浅；粗银粉高度闪烁，遮盖力差，能使侧面颜色变暗。

5）金粉就是铜粉，有红金、青金、古铜色。

6）反射力强，有很强金属感，每颗铝粉就像一面镜子起反射作用。

7）遮盖力强，铝粉分散到涂层后具有与底材平行的特点，众多铝粉互相连接，大小铝片相互填补形成连续的金属膜，遮盖了底材，又能反射涂膜外的光线，这就是铝粉特有的遮盖力。

8）双色效应，铝粉的光泽度和颜色深浅随入射光的入射角度和视角的变化，发生光和色的变化。

（3）珠光漆

珠光漆是指加入了云母钛珠光粒的色漆，由于云母的光干涉作用，使漆层有色彩斑斓的效果。

珠光漆的特点如下：

珠光漆的遮盖力差，调配浅色珍珠如黄、白珍珠颜色，需要在底层喷上一层已调好颜色（白色）的遮盖性涂层，然后再喷珍珠层，再喷清漆，这就是"三层面漆"工序。

调配深色珍珠漆时由于掺入了遮盖性颜料，可直接使用二工序工艺。

（4）颜色的三属性

色相、明度、饱和度叫作颜色的三属性或要素。

调配颜色时，通过改变这三个要素，可以调配出千千万万种颜色。

1）色相。色相是指色彩的相貌，也叫色调或色别，是不同色彩之间彼此相互区分最明显的特征。如苹果是红色，菊花是黄色，大海是蓝色，树叶是绿色。

涂料调色用的三原色指红、黄、蓝三色。

基本的颜色名称有红、橙、黄、绿、蓝、紫六色，同样的色相可以较深和较浅（就是明度）。

常见的色环如图4-1-1所示。

2）明度。明度是颜色的深浅、明暗、黑白关系。

明度是指色彩本身的明暗度，通俗讲就是颜色的深浅，明度高，就是说颜色亮。

低明度色彩是指阴暗的颜色，高明度色彩是指明亮的颜色。越接近白色，明度越高；越接近黑色，明度越低。

因此，无论哪个色加上白色，都会提高混合色的明度，且加入白色越多，明度提高越大；反之，加入黑色则会降低明度，加入黑色越多，明度越低。如果加入灰色，那就要看灰的深浅和多少。

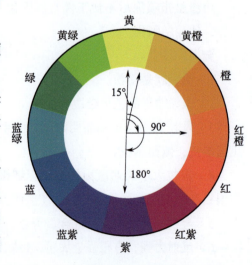

图4-1-1 色环

同一色相可以有不同的明度，比如红色就有深红、浅红、粉红之分，它们看上去有深淡的区别。

不同色相也可以有不同的明度，如在太阳光光谱中，紫色明度最低，红色和绿色明度中等，黄色明度最高，所以人们感到黄色最亮。

颜色的深浅、明暗、黑白关系如图4-1-2所示。

3）饱和度。饱和度是指某种颜色含该色量的饱和程度，即色彩的纯净度，也就是色彩中其他杂色所占成分的多少。纯度高则色彩鲜明，反之则灰。当某一颜色浓淡达到饱和时，若无白色、灰色或黑色掺入其中，即呈纯色（也称正色）；若有黑、灰掺入，即为过饱和色；若有白色掺入，即为未饱和色（通俗讲就是色彩浓还是淡和色彩量多少的感觉），如图4-1-3所示。

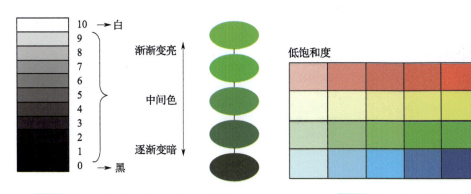

图 4-1-2　颜色的深浅、明暗、黑白关系　　　　图 4-1-3　色彩的纯净度

比较同一色相和明度的颜色时，用"鲜艳"或"黯淡"，"鲜明"或"浑浊"来表达，这就是饱和度（低饱和度就较浑浊，表示带灰；高饱和度表示浓度最高，如最红、最黄、最蓝等）。

高饱和度的色调加入白色会变浅，提高它的明度，降低了它的饱和度；加入黑色时变深，降低它的明度，同时也降低它的饱和度。

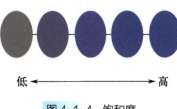

图 4-1-4　饱和度

离灰色的距离越远，饱和度越高，如图4-1-4所示。

银粉漆添加银粉色母会使饱和度降低，因为银粉色深、带微蓝色。

（5）涂料调色的拼色规律

1）颜色相生规律。

红＋黄＝橙。

黄＋蓝＝绿。

红＋蓝＝紫。

红、黄、蓝按一定比例相加混合成黑。

掺入黑、白色调整深浅（明度）。

添加、减少、稀释色母或换用色彩鲜艳的色母来调整饱和度。

原色、二次色和三次色如图4-1-5所示。

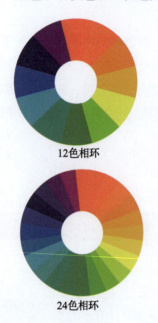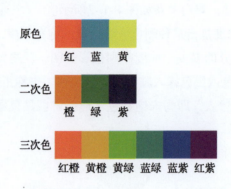

12色相环

24色相环

原色　红　蓝　黄

二次色　橙　绿　紫

三次色　红橙　黄橙　黄绿　蓝绿　蓝紫　红紫

说明：
色相环由原色、二次色和三次色组合而成。
色相环中的三原色是红、黄、蓝，在环中形成一个等边三角形。
二次色是橙、绿、紫，处在三原色之间，形成另一个等边三角形。
红橙、黄橙、黄绿、蓝绿、蓝紫和红紫六色为三次色，三次色由原色和二次色混合而成

图4-1-5　原色、二次色和三次色

2）补色：补色现象是色彩混合的特殊效应，两个原色可以调成一个间色，该间色与另一个原色互为补色。也就是说这一间色包含另外两个原色，因此一对补色总是包含三原色。

红绿互为补色＝红与黄＋蓝。

黄紫互为补色＝黄与红＋蓝。

蓝橙互为补色＝蓝与红＋黄。

补色相混、三原色相混产生中性灰色或黑色。

调色时，可利用补色关系调整色相，如偏红加绿，偏绿加红，偏黄加蓝，偏蓝加黄，但是会造成颜色饱和度降低，变灰、变浑浊。

色环中颜色之间相对应（180°）的颜色是互补色，它们之间的颜色对比最强烈，如图4-1-6所示。

在色环中，凡在60°范围内的颜色都属于邻近色，虽然在色相上有很大差别，但在视觉上却比较接近。

同类色比邻近色更加接近，是指同一色相中的不同颜色变化。如红色中有紫红、深红、玫瑰红、大红、朱红、橘红等。黄色中又有深黄、土黄、中黄、橘黄、淡黄、柠檬

黄等区别。

3）消色：原色和复色中加入一定量的白色，可调配出粉红、浅红、浅蓝、浅天蓝、淡蓝、浅黄、奶黄、牙黄等深浅不一的多种浅淡颜色，如图4-1-7所示。

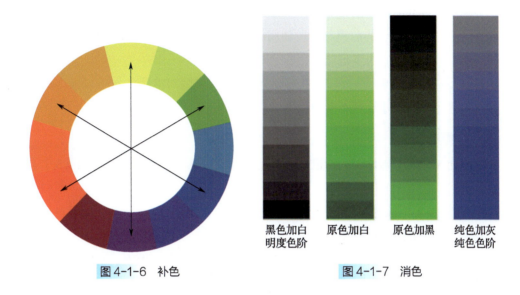

图4-1-6　补色　　　　　　　　　　　　图4-1-7　消色

如加入黑色，则可调出棕色、灰色、褐色、黑绿等明度和色调不同的多种颜色。

黑色与白色属于无彩色类，调色时由于白色或黑色的掺入可明显地降低颜色的饱和度和明度，使原颜色的色相减弱、改变甚至消失，如对紫色加入等量的黑色，则紫色的色相就会完全消失而变为黑色。因此，把白色和黑色称为"消色"。

色彩调配过程中合理地使用消色，可以对颜色的色相、明度起到矫正调节作用。也由于白色和黑色的掺入，产生了千千万万种颜色。

（6）配色的原则

1）调整色相。如用红、黄、蓝三个颜色按一定比例混合可获得不同的中间色，中间色与中间色混合，或中间色与三原色红、黄、蓝其中一种混合又可得到复色，通过颜色的拼色来改变颜色的色相。

2）调整明度。在显色的基础上，加入白色将原来的颜色冲淡，就可以得到饱和度不同的彩色（即深浅不同的颜色）；加入不等量的黑色，就可以得到明度不同的各种颜色。如在大红中加入白色得到浅红、粉红；将铁红加黑得紫棕色；白色加黑色得不同的灰色。

3）调整彩度。在显色的基础上，加入不等量的原色可以获得不同彩度的色相。如在浅红中加入不等量的红色得到大红、深红。在浅黄中加入不等量的黄色可得中黄、大黄、深黄。

（7）调色要点

调配时应本着先调深浅，后调色相的原则；应采用先加入主色母再加入副色母的方法细心调配，同时要搅拌均匀。每次加料应比估计的少一些，特别是接近所要求的颜色时更要仔细控制加入量，避免颜色过头。

调色时要注意各种色母颜色之间的相生相克（红＋黄＝橙、红＋蓝＝紫、黄＋蓝＝绿，此为相生；偏红加绿、偏黄加蓝、少红偏绿、少黄偏蓝，此为相克）。

在保证颜色合乎要求的前提下，所使用的色母品种应尽量少，加入的颜色品种越多，吸收的光量越多，颜色的明度越低，色彩越晦暗。

从湿膜到漆膜基本定形的过程中，颜料的上浮和下沉对涂膜的影响较大，所以制板后，必须放置几分钟后才能观察涂膜颜色。

（8）观察颜色的方法

将搅拌均匀的漆，与调配的标准色板进行对比，应从色相、明度和饱和度3个方面进行对比。

1）对色时由于标准色板放置的时间较长，颜色会显得灰暗，与漆样涂膜对比时宜将标准色板用清水浸湿后再进行比色。

2）用所调的色漆样板与原车颜色标准色板比色时应左右、上下、平立进行对比，避免人为的视觉误差，特别是在较暗光线下辨别应加蓝还是应加黑时（浓度不够时加蓝，不够深时加黑），更应认真仔细摸索出辨别的依据。

3）观察涂膜时一定要选择明亮处的漫射日光（不能阳光直射），并注意比色场所周围应没有强烈的物体颜色光反射干扰（反色）。正面指目光以90°正视色板，主要是对准面色调。侧面指目光斜视色板，以45°侧视来对色，主要是对准底色调。

素色漆（纯色面漆）的变化不大，调出来后，用白纸片刮个样板与标准色板观察比较即可，如图4-1-8所示。

因为漆膜是湿的，所以要把标准色板用洗洁精水打湿再对色，或样板干燥后再对色。

金属漆正面、侧面都要调，对色方法包括：

①用调漆尺搅拌时迅速提起比较，如图4-1-9所示。

图4-1-8　素色漆　　　　　　　　　图4-1-9　用调漆尺搅拌时迅速提起比较

②可将涂料点于车身后对色（用手指头沾一点涂料点于车身较隐蔽处，看颜色是否与车身一致）。

③用喷涂法，喷涂法的准确度最高，但操作较复杂。

④样板比色时可以不喷涂清漆，可在样板与标准色板上都涂上洗洁精进行比色。

（9）比色注意事项

1）以在自然光下比色为最终标准。

2）两者面积不宜差异过大，特别是一方面积不宜过小，最小面积应不小于5cm×5cm（用刮灰钢片很合适）。

3）两者观察角度一致，放置平面一致。

4）不宜用曲面比较。

5）尽量在无色彩环境中比色，有条件的用中性灰环境（避免周围环境反色）。

6）注意两者光泽的差异、磨伤程度及清洁度的影响，必要时清洁表面后抛光处理。

7）如果样板漆膜的光泽度已降低，与刚喷完清漆的调色漆膜比色时，会产生颜色变化。可以用洗洁精水洒在样板漆膜上面，让漆膜变"新"变"湿"，再拿喷出来的样板去对色。

当用油箱盖作为标准对色时，将样板与油箱盖平行靠近，垂直并立成10°角左右移动到45°角进行正面对色，平放约110°角进行侧面对色。

5. 手工调色步骤

（1）调色前准备

1）样板的清洁。有的汽车原厂漆已褪色，有的汽车已喷过其他的颜色；在确定修补部位的颜色样板之前，一定要清洗、抛光，去除汽车旧面漆上的粉尘和氧化层，最好将样板色与汽车本身的颜色对比一下，找到比较统一的颜色作为调色样板。

对已氧化或有污垢的样板，要用蜡抛光或用洗洁精水清洁，使其露出本来的颜色才能保证对色的准确性。

2）确定汽车漆面属性。确定汽车漆面属性，根据属性选用1K或2K色母。

（2）手工调色步骤

1）样板表面处理：进行清洁、抛光（呈现原来的面貌）。

2）配方分析：确定涂料属性，选用1K色母或2K色母。

分析主色和副色；明度是深是浅；彩度是鲜艳、灰还是浑浊。

银粉、珍珠漆要正侧面进行比较分析，考虑颗粒的粗细、数量的多少。

3）确定色母：根据分析，选择与样板颜色相同或相近的色母，或根据拼色规律选出主色母、副色母，确定色相范围。

4）调配：先取少量涂料来配比，并有效搅拌，如对色母的颜色效果掌握未纯熟时，建议先用调漆尺蘸上一些涂料，然后在调漆尺上加入一点准备加入的微调色母，看其效果，如不行就改用其他的色母，这样可避免调漆中加入了不合适的色母。当调出来的颜色与样板相似后再根据需要份量按比例扩大，一旦颜色调到非常接近时，就应结束调色程序。

5）调配方法：调色时一般先试小样。先加入主色（在配色中用量大、着色力小的颜色），再将着色力大的深色（或配色）慢慢地间断加入，并不断搅拌，随时观察颜色的变化。在加入着色力强的颜料时，切忌过量。

比色时，湿膜和干燥后的漆膜颜色会存在差异，宜将样板用水打湿后再比对。

调配时，要选择性质相同的涂料相互调配，溶剂系统也应互溶，否则由于涂料的混溶性不好，会影响质量，甚至发生分层、析出或胶化现象，无法使用。

（3）调色技巧

1）调色思路：明度调整（深浅度）—色相调整（颜色转向）—彩度调整（灰度）。

2）具体方法。

①明度（深浅度）的调整。

当色漆比车色深时，此时应加入主要的浅色或白色或银粉来冲淡稀释。

当色漆比车色浅时，车色显得又深又浓，如果是又深又浓，则加入主色色母，如果是又深又浊，可适当加入黑色。

> **注意**：有时颜色的浑浊往往被看成颜色深浅，这是灰度的因素。正确区分深浓或深浊，可以帮助我们做出正确的选择。

②色相调整。加入色母或减少色母时，一次只针对一个变量做调整，最重要的是色母色光走向的正确。比如：调黄色不够红时，可加一点橙黄或橙红或大红。调蓝色不够绿时，可加一点艳黄或柠檬黄。调红色不够紫时，可加一点紫蓝色或紫红、玫瑰红、深红（在红色中加黑与白也会变紫，但同时会变深或变浅）。

③彩度调整（灰度）。

当色漆比车色显鲜艳时，加入少量黑色或白色使颜色变浊（注意：加入黑色同时会使颜色变深，加入白色母则变浅变浑浊）。

当色漆比车色显浑浊时，第一是加浅色或银粉把原色冲淡，再加入主色色母；第二是只能放弃然后重新开始。颜色由浑浊变清澈基本上是不可能的。

（4）2K素色漆调色调配技巧

1）2K素色漆调色技巧。

①色相：一般围绕其邻色发生变化，此时可选择主色相应邻色进行调整，同时主色彩度会上升。比如，当色相偏紫时，可加入紫红进行调整，同时红色彩度提高。

②明度：明度可以通过加入黑、白色母来调整，黑色降低明度同时变深，白色则增

加明度同时变浅。

③彩度：彩度可通过改变灰色来调整，如同时加入黑色与白色色母或减少主色色母加入量均可降低彩度。增大主色色母加入量可增加彩度。

2K素色漆在汽车车漆颜色中占有一定比例，比如丰田白、五十铃白、东风蓝、解放蓝、钼红、消防红、工程黄、警车蓝、邮政绿等。

调配素色漆：除黑色和白色外，其余的色在相环中有偏向。比如蓝色，在相环中，它只可以偏向紫或绿色，因为紫色和绿色是它的相邻色。再比如红色，它只能偏向橙红或紫红。偏向只可以取其中一种，确定了偏向后就确定了它的色相，然后用黑色和白色来调整它的深浅度和彩度。

2）2K素色漆调配技巧。

①白色：白色系列一般以白色母为主色，偏黄的用黑+黄+白，有的需加少量的铁红，如五十铃白等。偏蓝的用蓝+紫红+白（白度最高如丰田白等），偏绿的用艳黄+蓝或加少量绿（如金杯白），同时都可用黑白色母调深浅。

②红色：红色系列根据样板色相选择大红（透明红）或鲜红（富贵红）为主色母，也可两种色母同时使用，偏黄时加橙黄、橙红或直接加中黄色母，偏紫时加紫红或深红或根据深浅加黑白色母。

③橙色：橙色系列根据色相选择橙黄、橙红为主色母，也可两种色母同时使用，偏黄时用橙黄+中黄；偏红时用橙红+大红等红色母，同时加入黑白色母调深浅。

④黄色：黄色系列根据色相选择中黄或柠黄为主色母，偏青偏浅的颜色用柠黄为主色母，色相偏绿时加绿或蓝色母，偏黄时可加入中黄或少量红色母，同时加黑白色母调深浅；偏红偏深的颜色用中黄为主色，加入橙黄、橙红或铁红等红色母，同时加入黑白色母调深浅。

⑤蓝色：蓝色系列根据样板色相深浅选择纯蓝+白+黑；偏红的蓝色加紫红或玫红色母，偏青蓝的蓝色可加入少量中黄、艳黄等黄色母，同时加入黑白色母调深浅。

⑥绿色：绿色系列根据样板色相选择纯绿或黄相绿为主色母，偏蓝时加蓝色母，偏黄时加艳黄、中黄等黄色母，同时加黑白色母调深浅。

⑦灰色：灰色系列根据深浅以黑白色母为主色，有冷灰（偏蓝、绿、紫的灰色），暖灰（偏黄、红的灰色）之别。色相朝哪个方向发展，相应的该色相色母就多一些。

用红、黄、蓝三种色母按一定比例也可调配出各种灰色。

也可用红、黄、蓝、白、黑五种色母一起调配灰色系列。

3）2K素色漆调色注意事项。

素色漆配方应以选用4种色母以下为原则，特殊情况除外。色板接近哪个色就用哪个色作为主色；白色、蓝色、深蓝色、绿色、黄色、红色、紫色等素色漆在调配过程中应遵循先调深浅再调色相的原则。

调素色漆时用调漆尺在搅拌时迅速拉起，即可与原色板进行颜色对比，调到与样板色接近时用白纸片刮涂比色，主要是正面吻合，比较容易调准。

对色时一般比样板稍浅一点，因为素色漆漆膜干后颜色会深些。

6. 银粉漆调色技巧

（1）银粉漆调色原则

调白银就是用两种银粉的属性进行互补。首先分析和找出与车身颗粒、正侧面明暗度最接近的那个银粉色母作为主色，然后找一个属性可以互补的银粉作为副色，再加入微量色相色母，视深浅需要加入黑、白色母调整明暗度，最后加入控色剂令其排列成你想要的效果。

调银粉、珍珠漆时选用透明度好的色相色母来相配，以保持银粉和珍珠的反射作用。

加入白漆可以让银粉侧面变浅，还会遮盖住侧面的颗粒，让侧面的颗粒感变细，加入太多还会让侧面完全看不到颗粒而变成纯色的平面。注意：加入量不超过1%（质量分数）。

加入正侧面控色剂可以使侧面更浅、更白、更闪烁，能使银粉颗粒站立，同时正面变深，如果加入过多，会造成遮盖力变差、附着力不良、光泽度下降。注意：加入量不超过15%（质量分数）。

> **注意**：
>
> 1）银粉的粗细对比：粗银粉会使正面亮侧面深，相反，细银粉会使正面暗而侧面浅。
>
> 2）正侧面颜色对比。
>
> 3）小心使用白色、泥黄及啡色、橙色，因这些色母使漆面变浑浊和浮色，影响正面效果。
>
> 4）加入银色色母转浅，加入其他色母转深，同时注意色调。
>
> 5）修补时，建议使用驳口水。

（2）银粉漆色相调整方法

1）白银色相调整方法。因为白色银粉漆主要色母是银粉，所以需要正确区分是普通银还是闪银，是粗银还是细银。色相调整主要是调整正侧面色光偏向。

当银粉漆正侧面偏黄：选用棕黄、透明黄、柠黄等。

当银粉漆正侧面偏红：选用棕红、栗红、酱红、紫红、深红等。

当银粉漆正侧面偏绿：选用通绿或黄相绿或根据拼色规律选择相应蓝色母与黄色母来调配。

当银粉漆正侧面偏蓝：根据色母走向分析图选用通蓝或发红蓝、群青、绿相蓝、霜雪蓝等。

2）蓝银、绿银、金黄银、红银等色相调整方法。此类银粉漆中银粉数量只占一部分，且正侧面变化大。在调配时根据正侧面表现可适量加入珍珠色母来调配色相与鲜艳度。如：

金黄银：把握好银粉数量，选用棕黄、透明黄、棕红、酱红、栗红或加入黄珍珠、金珍珠等。

香槟银：把握好银粉数量，选用棕黄、透明黄、棕红、栗红、酱红、紫红、深红等。

红银：把握好银粉数量，选用棕红、栗红、酱红、紫红、玫瑰红、深红等。或加入红珍珠。

绿银：把握好银粉数量，选用通绿或黄相绿或根据拼色规律选择相应蓝色母与黄色母来调配，也可以加入少量绿珍珠、蓝珍珠或黄珍珠。

蓝银：把握好银粉数量，选用通蓝或发红蓝、群青、霜雪蓝或加入蓝珍珠等。

（3）银粉漆明度调整方法

加入黑色可使其变深，加入银粉、珍珠变浅。避免使用高浓度的白色母。加白色母使正面变浑浊，侧面变浅变白。

调整正侧面明度时有如下技巧：

1）正侧面两个角度都太暗（深）时需加入银粉冲淡，再减少色母用量。

2）正侧面两个角度都太亮（浅）时需等比例加入其他色母，减少银粉量。

3）正面太亮、侧面太暗时可以用幼银粉（正面深侧面浅）取代粗银粉（正面亮侧面暗），或加入银粉控制剂，可使正面变深，侧面变浅变亮，银粉会变得较粗；加入白色时，正面较浊，侧面较亮，银粉会变得较细（白色遮盖力强，压制银粉反光）。

4）正面较暗、侧面太亮时可以用粗银粉取代较细的银粉，或减少银粉控色剂，使正面变清，侧面变暗，银粉会变得较细一点；减少白色可使正面较清，侧面较暗，银粉会变得较粗一点。

（4）银粉漆彩度调整方法

可通过加入黑色母和银粉，或主色与补色色母等方法进行调整。可以加入少量珍珠色母以增加其鲜艳度。

1）颜色太清澈要变浊一点时，可加黑色色母或用较幼的银粉取代较粗的银粉。

2）颜色太浊要变清澈一点时，可减少黑色色母或用较粗的银粉取代较幼的银粉。

3）使用透明性色母，能使正面变亮、变鲜艳；侧面变深、变暗。

4）使用不透明性色母，能使正面的鲜艳度降低，侧面变浅、变白。

（5）银粉漆侧面调浅的方法

"银粉不够白"是因为银粉色母的侧面颜色相对车身较暗，从而感觉颜色整体发黑、不够白。把银粉漆的颜色"整体调白"，实际上就是把银粉漆的侧面调浅。

1）加幼白珍珠或白珍珠：由于白珍珠的透明特性，光线照射到其上时，会有大量的光线从侧面透射出来。在银粉漆中根据实际情况加入5%~30%透明的白珍珠（质量分数），会使银粉漆的侧面透光量增大，从而使颜色看起来变白、变浅，银粉颗粒变得细腻、顺滑。

在银粉漆中加入白珍珠时，可能需要加入少量的正侧面控色剂来提高银粉的闪烁度。

在银粉漆中加入白珍珠，会稍微改变银粉侧面的色相。相对而言，幼白珍珠会使侧面颜色向黄相偏移，白珍珠或粗白珍珠会使侧面颜色向蓝相偏移。如果想降低侧面的蓝相，可以加入极少量的透明黄；如果想降低侧面的黄相，可以加入极少量的群青。

2）加正侧面控色剂：在银粉漆中加入0~10%的正侧面控色剂（质量分数），会打乱银粉本来的均匀排列状态，使更多的光线射向漆膜的侧面，使银粉漆的整体看起来变白，就像调整镜子的角度，会使镜子的反光发生改变一样。控色剂加入越多，银粉的侧面就越浅，而且还会使银粉的颗粒翻转，看起来颗粒更粗，更具闪烁度、漂浮感。

3）加1K白色：银粉漆里面加入白色，会明显提高银粉侧面的白度，但是最大的副作用就是会使银粉颜色整体浑浊、暗沉，压制银粉的闪烁度。

该方法一般不作为主要方法使用，但是有时候配合其他色母使用时却非常有效。

在银粉里面加入白漆要非常小心。一般不超过1%（个别颜色除外）。

4）超幼白：超幼白实际上是一种颜料颗粒细度处于纳米级别的白色（在其他涂料品牌中也叫霜雪蓝、霜白、变色龙等）。少量的超幼白加入银粉中，可以提高银粉的侧面白度，而且会使侧面带蓝相。加入超幼白不宜过量，否则会使银粉的正面出现金黄色相。

5）选择合适的银粉型号：不同型号的银粉，其正侧面光感是不同的。一般来说，在相同颗粒度的情况下，闪银要比普通银粉的正面更亮，但是侧面会更暗。同种类型的银粉，颗粒越粗，正面越亮，但侧面会更暗。

6）选择合适的搭配色母：由于色母本身的深浅及侧光显色性的不同，所反映出来的银粉漆的侧面深浅也就不同。

（6）喷涂操作对银粉颜色的影响

1）稀释剂干得慢颜色较暗，干得快则颜色较亮。

2）气压不足时颜色较暗，气压太强时则颜色较亮。

3）喷涂距离太近时颜色较暗，喷涂太远时则颜色较亮。

4）喷涂太湿时颜色较暗，喷涂太干时则颜色较亮。

7. 珍珠漆、幻彩珍珠漆（变色龙）调色技巧

（1）珍珠漆调色要点

1）选对色母非常重要，珍珠漆一般选用透明色母。

2）调整珍珠漆与幻彩珍珠漆的正侧面主要靠素色色母来表现。选择珍珠色母主要的

依据是种类数量和粗细，正侧面表现则其次（浅色或纯珍珠漆例外）。

3）本着先调深浅、再调色相，以调整正面色相为主、兼顾侧面色相，同时兼顾珍珠颗粒的大小、数量是否接近的原则来调整。

（2）珍珠漆明度调整方法

珍珠漆的光泽都较柔和，可通过加入主色母、珍珠色母与黑色色母来调整明度。

1）加入主色母与黑色色母变深，减少主色母与黑色色母变浅。

2）加入珍珠色母变鲜艳，同时朝珍珠色母色相表现。

3）建议不要加入高浓度的白色母，这样会使珍珠漆整体变浊，不鲜艳。如果想调浅些可以加一点白珍珠，或金属漆树酯或主色母来冲淡。

（3）珍珠漆色相调整方法

> **注意**：珍珠漆一般含有一种或一种以上、四种以下珍珠。

1）蓝珍珠系列：根据样板色相选择绿相蓝、通蓝、蓝绿、发红蓝等1K素色色母与蓝珍珠等珍珠种类、粗细与数量，不够深时可加入黑色色母调深，正面不够蓝绿可适当加入透明黄或黄珍珠、绿珍珠。侧面红可选择发红蓝、紫红、纯紫等1K素色色母或加入紫珍珠来调整。如果侧面过红可加入少量透明黄。

> **注意**：侧面让它稍红些喷出来效果会好一些。

2）红珍珠系列：正面红色侧面带紫，或正侧面都鲜红色。

根据样板色相选择大红、鲜红为主色，根据珍珠种类、数量、粗细加入红珍珠等珍珠系列，正侧面色相不够红黄时可选择栗红、酱红、棕红、透明黄或黄珍珠；不够紫时可选择深红、玫瑰红、紫红、纯紫来调整。不够深时加入黑色母调深（加入黑色母会变深、变紫、变浑浊）；红珍珠一般与古铜珍珠、紫珍珠、金珍珠、黄珍珠等搭配。

> **注意**：若让颜色正面深、侧面浅时，选择透明色母，如透明红等。若让颜色正面浅、侧面深，选择侧面走向深的色母，如紫红，也可以加入少量蓝色。一般方法为：多加红珍珠与黑色母，这样颜色会正面浅、侧面深。在加入蓝、紫红等色母后，侧面会往黑和浑浊方向走。

3）绿珍珠系列：常见为墨绿珍珠，以黑色母、绿色母为主色，加入绿珍珠等珍珠系列，绿珍珠一般与蓝珍珠、黄珍珠等搭配（根据需要可加入少量的银粉）。

根据样板色相加入少量通绿或黄相绿，也可以用蓝色母（红口蓝或蓝绿色母）与黄色母（透明黄）搭配调整色相。加入透明黄会使正面与侧面都变黄。

正侧面偏蓝绿可加蓝色母与蓝珍珠；偏黄绿时可加黄色母与黄珍珠或透明黄；侧面偏红可加少量紫、紫红或紫珍珠。

注意：调配绿珍珠时发现正面比车身浅、不够绿，侧面颜色一致时是银粉加黑色母造成的。可直接加入绿色母调整。如果侧面过绿，可加入紫红等红色母，同时正面变深。当正面比车身绿、鲜艳，侧面颜色浅时，加入黑色母调节深浅，颜色将不再鲜艳，侧面可加紫、紫红色母调整。

4）黑珍珠系列：以黑色色母为主色母，根据珍珠种类、数量、粗细等，黑珍珠一般与蓝珍珠、红珍珠、紫珍珠、白珍珠、古铜珍珠等搭配。根据色相偏向可以适当加入素色色母。如发黄时可加入蓝色母，透明白，如果不够红时可加入紫红等红色母。

注意：调配黑珍珠时，珍珠颗粒一定不要调大了，因为喷涂后会更大。侧面一定要注意红相或蓝相及深浅是否一致。

5）白珍珠系列：白珍珠是珍珠漆中的一个特殊系列，因为要使白珍珠飘浮在汽车表面，发出迷人的光芒，在喷涂操作中一般以三道工序来施工。先调配喷涂1K白色作为底色，再喷涂白珍珠，最后喷涂双组分清漆。所以在调配白珍珠时，一般只调底色，即调1K白色。还要注意喷涂道数，道数不同颜色也不同。白色以纯白为主色，分为蓝白与黄白，蓝白一般为群青加紫红色或铁红色母，黄白一般为少量黑色加黄色色母或铁红色母。

白珍珠一般不用调配，直接喷涂（先要用1K纯白调好底色喷涂）。

（4）珍珠漆彩度调整方法

可通过加入黑色母和珍珠，或主色色母与补色色母等方法进行调整。

颜色太鲜艳要变浊一点时，可加黑色色母或补色色母；或减少主色色母与珍珠色母；或加少量银粉。

颜色太浊要变鲜艳一点时，可减少黑色色母或加入主色色母与珍珠色母。

（5）调配珍珠漆注意事项

珍珠色母特性是在直射阳光或类似光源下，变得特别明显，因此对比颜色时，需要直射阳光或类似光源。

根据珍珠云母颜料的添加量多少，涂料的珍珠感变化很大。因此，调色时，计量必须准确，微调时也要小心添加。

由于珍珠云母颜料密度大，会很快沉淀，而且用稀释剂稀释后，这种倾向变得更明显，所以喷涂前，要充分搅拌颜料。若颜料沉在底部就喷涂，就无法得到所需的颜色。

二、底漆的喷涂

1. 底漆的性能要求和种类

（1）底漆的种类

1）洗涤底漆。洗涤底漆亦称侵蚀底漆，其主要成分为聚乙烯醇缩丁醛树脂和防锈的铬酸锌颜料，并在其中加入主要由磷酸制成的硬化剂。它直接施涂到裸金属上，在裸金属表面上形成化学转换涂层。它可以增强底材的防锈能力，并且能提高下一涂层的附着力。虽然洗涤底漆有单组分类型的，但是双组分类型的以提供更佳的防锈和附着特性。

2）硝基底漆。硝基底漆主要由硝酸纤维和醇酸树脂组成，不过其防锈和附着特性不如双组分类底漆那么强。

3）氨基甲酸酯底漆。氨基甲酸酯底漆为双组分类底漆，主要由醇酸树脂组成，用聚异氰酸脂作为硬化剂。它的防锈及附着特性极好。

4）环氧底漆。环氧底漆为双组分类底漆，主要由环氧树脂组成，用胺作为硬化剂。它的防锈及附着特性极好。

（2）底漆性能比较

底漆应具有如下特点：

1）对经过表面处理的工件表面应有很好的附着力，形成的底漆漆膜应具有极好的机械强度。

2）底漆本身必须是腐蚀的阻化剂，底漆涂层必须具有极好的耐蚀性、耐水性（耐潮湿性）和抗化学试剂性。

3）与中间涂层或面漆涂层的配套性良好。

4）能适应汽车涂装工艺大量流水生产的特点，应具有良好的施工性能。

不同底漆的性能比较见表4-2-1。

表 4-2-1　不同底漆性能比较

性能	洗涤底漆	硝基底漆	氨基甲酸脂底漆	环氧底漆
防锈	好	不好	极好	极好
附着	极好	不好	好	极好
固化	极好	极好	好	不好

2. 调配中涂底漆

根据涂料说明书建议的各成分比例（主剂、固化剂和稀释剂），按规定调整中涂底漆的黏度（调配方法视频见二维码）。

注意：

1）中涂底漆在调配之前需要经过较长时间的搅拌，因为其中的填料成分很多，沉淀比较严重，如不经过充分搅拌就进行调配，容易造成涂膜过薄，使填充力变差。

2）在调配时需严格按照产品调配要求添加固化剂和稀释剂，不能随意改变添加量或以其他品牌的类似产品代替。

3）调配好的涂料应在时效期内尽快使用。

某品牌调配中涂底漆混合比例示例见表4-2-2。

表 4-2-2　某品牌底漆混合比例

名称	质量 /g	设备	备注
成品灰度漆	114.4	电子秤	精度 0.1g
稀释剂	16.4		
固化剂	19.6		

将所需添加剂倒入调试杯，用比例尺进行搅拌（正、反方向），搅拌时间1~2min，如图4-2-1所示。

然后将120目漏斗（小号）放在枪杯上面，用比例尺压着漏斗，将中涂底漆倒入枪杯中，液体都进入杯中之后，用调试杯接着漏斗，丢在指定的垃圾桶内，盖上枪壶盖子，如图4-2-2所示。

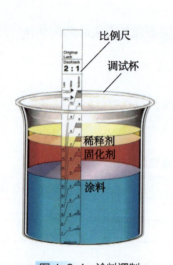

图 4-2-1　涂料调制

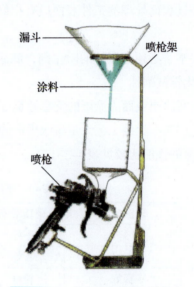

图 4-2-2　将中涂底漆倒入枪杯中

整理桌面，对工具、设备进行处理，整理归位。

3. 中涂底漆的喷涂步骤

中涂底漆的喷涂步骤如下（喷涂方法视频见二维码）。

注意：喷涂前，需对车辆或钣件进行遮蔽。

（1）个人防护

作业时，应佩戴帽子、护目镜、过滤器型面具、工作服、抗溶剂手套、工作鞋，如图4-2-3所示。

图 4-2-3　个人防护

（2）清洁除油

1）准备两块清洁的擦拭布，将其中的一块用除油清洁剂浸湿，另一块保持干燥，如图4-2-4所示。

2）用浸过清洁剂的擦拭布将工件表面擦湿，如图4-2-5所示。

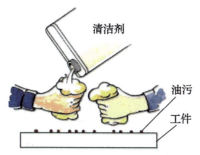

图4-2-4　用清洁剂浸湿清洁的擦拭布　　　图4-2-5　用浸过清洁剂的擦拭布将工件表面擦湿

3）不等清洁剂蒸发，立即用干的擦拭布擦干工件表面，如图4-2-6所示。

4）让工件表面残余的清洁剂自行蒸发，如此一湿一干，除去工件表面油污，如图4-2-7所示（清洁除油方法视频见二维码）。

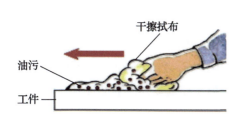
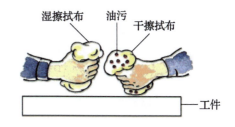

图4-2-6　用干的擦拭布擦干工件表面　　　图4-2-7　一湿一干，除去工件表面油污

（3）喷涂中涂底漆

喷涂距离：一般200~300mm。

1）先对修补边缘交界处进行薄薄的喷涂。

2）稍干后对整个原子灰表面再薄薄地喷涂一层。

3）分三四次薄薄地喷涂，每道涂层间用中短波红外烤灯闪干5~10min。

喷涂面积应比修补的原子灰子面积大许多，而且第二遍比第一遍大，第三遍比第二遍大，逐渐加大面积。相邻的几块小修补，先预喷小块原子灰修补处2遍，然后再整体喷涂两三遍，连成一大块。

（4）修整与干燥

1）修整。喷涂中涂漆层后，应仔细检查涂装表面有无砂纸打磨痕迹、气孔及其他缺陷。若有缺陷，可用硝基类速干填眼灰修补，用木刮刀或塑料刮刀薄薄地刮涂。不要一次填得过厚，最多只能0.2mm，若一次填不满，间隔5min再填，如图4-2-8所示。

图4-2-8　对喷涂区域修整

2）干燥。中间涂层在打磨前必须充分干燥。如果干燥不充分，不仅打磨时涂料会粘砂纸，使打磨作业难以进行，而且喷涂面漆后，还会出现涂膜缺陷。小面积区域的干燥可采用短波红外线烤灯，大面积的干燥需使用烤漆房进行。

（5）中涂底漆的后处理

1）喷涂指示碳粉。将穿戴个人防护用品。将碳粉均匀涂抹于需要研磨的中涂漆层上。对中涂漆层研磨后，留下的黑点即为小凹坑，需要再一次刮原子灰、研磨。

2）打磨。打磨包括干打磨和湿打磨。

①干打磨：穿戴个人防护用品。用偏心距3~5mm的干磨机对中涂漆层进行整平、修饰，安装打磨软垫，如果面漆为单工序面漆，使用P400干磨砂纸。如果面漆为双工序面漆，使用P500砂纸；如果用驳口技术，用P800网纹砂纸或P1000精棉砂纸。注意对弯角、边缘及不易打磨处的修饰。使用三维打磨材料（研磨绒），手工对修补区域的边角、研磨机不易打磨的区域，做细研磨修饰。

②湿打磨：用双作用干磨机配合P320或P400干磨砂纸，对中涂漆层做初步打磨。把砂纸浸入水中，并把打磨表面弄湿。打磨过程中及时给打磨表面加水，防止打磨表面变干。右手使用方形磨垫配合P400水砂纸，对中涂漆区域进行水磨施工，左手拿一条浸水的海绵或湿毛巾，双手配合防止打磨表面变干。使用P600水砂纸，用手打磨，并尽可能以旋转方式来减小砂纸痕。使用打磨绒（三维软质打磨材料）对边角不易打磨的区域做打磨修饰。

3）速干填眼灰修补部位打磨。先以修补部位为中心，用P400~P800水砂纸将凸出部位磨平，然后用P800或P1200将整个表面打磨平整。

4）最后的工作。若采用干打磨，则用吸尘器将粉尘彻底清洗干净，最后仔细检查涂膜表面，不能遗漏未经打磨的部位。

若采用湿磨，则用清水冲洗干净后，先用毛巾将打磨区域擦干，然后用压缩空气吹干易藏水的地方，如手柄、装饰条缝隙等，最后用红外线或热风加热器对表面进行除湿干燥。

三、单工序面漆的喷涂

1. 单工序面漆

单工序面漆是指喷涂一种涂料即形成完整的面漆层的喷涂系统，如图4-3-1所示。

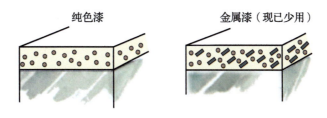

纯色漆　　　　　　　　金属漆（现已少用）

图4-3-1　单工序面漆

2. 单工序面漆的全车喷涂步骤

（1）遮蔽

用压缩空气按顺序彻底清除打磨粉尘，先车顶，然后是发动机舱盖、行李舱盖，接下来是车门和翼子板的间隙、行李舱盖和发动机舱盖的边缘等。

对不需要施涂的部分应小心用专用遮蔽纸和遮蔽胶带进行施涂面漆前的遮护，以防污染。

在进行遮护作业中难免会有胶带纸、手上污物黏附于被涂表面，可用专用的除油布或干净的擦拭布蘸上脱脂剂，擦拭被涂表面，除去油分、污物和蜡质等。应注意清洁车门把手和滑槽附近、车门内侧和行李舱盖、发动机舱盖四周内侧、挡风条和挡泥板的安装螺钉附近等。

（2）喷前检查、准备

1）喷涂环境清洁：对喷漆房进行清洁，清除内部灰尘和碎屑（包括天花板和地板，以防止天花板和地板上的灰尘随喷漆房内的空气流通而飘浮在空气中，对漆面造成污染）。

清洁喷漆房之后，需要先抽风10~20min再进行后续工作

2）检查车身外表是否有遮护遗漏或其他作业没有完成的地方。

3）穿戴好合适的喷涂防护用品。

应佩戴帽子、护目镜、过滤器型面具、工作服、抗溶剂手套、工作鞋，如图4-3-2所示。

（3）调配单工序面漆

按照产品调配要求，添加合适的固化剂（双组分面漆）及稀释剂。固化剂和稀释剂一般都分为慢干、标准、快干等类型，使用时要选择适合于环境温度的固化剂和稀释剂，具体调配要求参照涂料厂商

图4-3-2　个人防护

的资料及建议（调配方法视频见二维码）。将其搅拌均匀后用面漆过滤网过滤并倒入喷枪，素色面漆一般使用口径为 1.3mm 或 1.4mm 的重力式上壶喷枪进行喷涂。

1）调色：需要喷涂的面漆因为颜色的需要，很少有只使用某一种纯色母直接喷涂的，绝大多数面漆都是由多种色母混合而呈现出需要的颜色。

①查找车辆涂层代码。车身铭牌上都标有涂层代码，可以从调色资料中找到涂层信息。

②按色号从涂料生产厂商提供的配方表中查出色号的配方。

③转动调色设备，使调漆机上的所有色漆都充分搅拌，一般需要 15min 左右。

④用电子秤依照配方进行调色，如图 4-3-3 所示。

⑤按比例配制涂料，添加稀释剂和固化剂，并搅拌均匀。

⑥过滤涂料，并加入到准备好的喷枪中，进行试喷。

⑦烘烤试板，比对颜色。

⑧如果颜色有色差，则进行微调，直至颜色一致。

⑨记下色号及配方，以便下次喷涂相同颜色时使用相同配方。

图 4-3-3　用电子秤依照配方进行调色

2）调制涂料：将调色好的涂料按照规定的比例添加稀释剂和固化剂，并搅拌均匀。

3）过滤及黏度调整：喷涂前涂料静置 5~10min，如果涂料黏度需要调整，应添加配套的稀释剂，选用与施涂环境温度相适应的快干、标准或慢干型的稀释剂，施工黏度一般调整至 18~21s（涂 4 杯，20℃）。

（4）调枪

正确操作及调节喷枪，具体喷枪设定参数需参照涂料厂商及喷枪厂商的资料及建议。选择带气压精准调节的喷枪，可选择内置数字型喷枪、加装型数字气压表、枪尾调压表。喷涂气压不稳定会造成涂料颜色不均匀，涂膜厚度不一致。

喷涂之前必须在测试纸上进行喷涂，并对面漆喷幅进行观察，确保喷枪雾形及雾化达到最好效果，如图 4-3-4 所示。

图 4-3-4　喷枪试喷

（5）清洁除油

对工件表面进行除油、清洁，然后使用粘尘布粘去工件表面的细小杂质，以减少面漆上的脏点。

（6）喷涂

先对中涂底漆部位喷涂一两层面漆，以预先遮盖中涂底漆。大部分单工序素色面漆喷涂2层即可达到所需的漆膜厚度。但有些颜色使用的颜料较为透明，遮盖力相对较差，需喷涂三四层才能完全遮盖。

单工序纯色面漆一般喷涂三次，就能达到所需膜厚、光泽和色调。如果对色调不满意，可将涂料稀释到16s，再喷涂修整一次。单工序面漆的喷涂要点见表4-3-1。

表4-3-1　单工序面漆的喷涂要点

内容	第一次喷涂	第二次喷涂	第三次喷涂
目的	预喷涂	重喷涂，形成涂膜层	修饰喷涂，表面色调和平整度调整
喷涂手法	中湿喷	湿喷	虚枪喷涂
涂料黏度	18~21s（20℃）	18~21s（20℃）	16~20s（20℃）
空气压力	3bar	3bar	2.5bar
喷束直径	全开	全开	全开
漆流量	1/2~2/3	全开	全开
喷涂距离	25~30cm	20~25cm	20~25cm
喷枪运行速度	快	适当	适当
要求	车身整体喷上一层雾的感觉，薄薄地预喷一层。该层可提高涂料与原有涂层的亲和力，同时确认有无排斥涂料的部位，如果有就在该部位稍加大气压喷涂，覆盖住涂料排斥部位	在该工序基本形成涂膜层，要达到一定的膜厚。应注意尽可能喷厚一些，这是最终获得良好表面质量的基础，但同时注意不能产生垂挂和流动	调整涂膜色调，同时形成光泽。可加入透明涂料，有时为调整色调，要加入干燥速度慢的稀释剂

注：1. 涂料黏度以涂4杯测量，喷枪口径1.3mm。
　　2. 表中数据仅为参考，具体参照生产厂商的说明。

每层之间需要闪干，连续喷涂过厚会导致溶剂挥发时产生溶剂泡、针孔、失光等缺陷。闪干时间通常为5~10min，与喷涂厚度、温度及湿度都有关。准确的判断可用手指触碰工件上非重要位置涂膜，当涂膜达到触干即可喷涂下一道面漆。

1）喷涂第一层（雾喷）：将工件表面从上往下薄薄地雾喷一层。此次喷涂一定不能过厚，只要达到均匀的薄薄一层，有轻微的光泽即可。该层涂层薄而均匀，有磨穿的可以先喷磨穿部位。

2）喷涂第二层（湿层）：将工件按照先内后外、先边后面、先上后下的顺序正常喷涂一层。该层涂膜层厚度一致、颜色均匀、平整光滑。

3）喷涂第三层（湿层）：静置一定时间，一般是5~10min，按照第二遍的喷涂顺序及喷涂方法正常喷涂一层。如颜色比较难遮盖，在闪干后可以多喷涂一两层，直到颜色一致。

（7）干燥

完成喷涂后，按涂料厂商的要求闪干后开始烘烤面漆。烤漆房由正常气温升至烘烤所需的60~80℃需要一段时间，通常烤干单工序素色面漆需要工件表面温度达到60℃后保持约30min，故设定烤漆房时间时需考虑升温所需时间和烘烤所需时间。

（8）清除遮蔽

面漆烘烤完成后，在车漆尚未冷却前去除遮蔽纸、遮蔽膜、胶带。可保留所需的遮蔽纸、遮蔽膜用于抛光时的保护，但直接与漆面相接的胶带必须趁面漆未冷却时剥除，以免面漆完全冷却后，除去胶带时车身面漆漆膜与胶带表面漆膜连在一起导致车身漆膜被剥落。

（9）收尾工作

工作完毕后应及时切断气源，并清理现场，设备工具归位，恢复原状。需要将喷枪的枪针、风帽、喷嘴拆卸，用稀释剂彻底清洗，并用气枪吹干。

3. 单工序面漆的局部喷涂步骤

1）局部喷涂：局部修补需要做过渡处理。图4-3-5所示为需要局部修补喷涂的一块翼子板，A区域为修补区域。

①经过正确的底材处理，底漆、中涂漆施工处理之后，对施涂了中涂漆的部位使用P500砂纸进行打磨处理，并从A区域扩展到B区域。用研磨膏或P2000砂纸打磨C区和D区，直至消去漆面的光亮度。

②用脱脂剂清洁整个表面，除去粉尘、油渍、蜡质等污垢，再用粘尘布清除涂装表面可能存在的细小粉尘。

③将经过正确调色的涂料按照配比进行调配，装入喷枪的涂料罐，调整喷枪（压力2.5bar，喷幅约10cm，漆流量1/3开度）。

④先在A区薄薄喷涂一层，然后再喷涂扩展到B区，如图4-3-6所示。

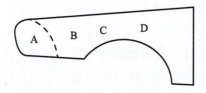

图4-3-5　局部修补

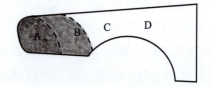

图4-3-6　从A区扩展到B区

⑤将剩下的涂料稀释（按涂料生产厂商的技术要求调配）。

⑥喷涂范围扩大至C区，薄薄喷涂一两层。喷涂压力、漆流量相应调小一些，并在D区进行过渡处理，如图4-3-7所示。

⑦在D区喷涂驳口水，薄喷一层，挥发约15s，再喷涂最后一薄层，如图4-3-8所示。

2）干燥：面漆喷涂完毕，先静置20min左右，使涂膜中的溶剂挥发，待涂膜稍稍干燥，可先除去遮护材料。因为烘烤加热会使遮蔽胶带上的胶质熔解，与被贴表面更加牢固结合而难以清除，并且容易留下黏性杂质，同时漆膜可能会被胶带揭起。

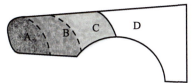

图4-3-7　喷涂范围扩大至C区

图4-3-8　在D区喷涂驳口水

清除工作应先从涂层的边缘部位开始，而不能从胶带中央穿过涂层揭开胶带。揭除动作应仔细轻缓，并且使胶带呈锐角均匀地离开表面。进行清除工作时，应注意不能触碰刚刚喷涂过的地方，还应防止衣服物品触及喷涂表面，以免出现损伤，造成额外的修补工作，如图4-3-9所示。

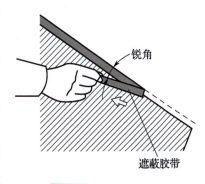

图4-3-9　揭开胶带

喷涂后静置20min之后，可以升温进行强制干燥，可使用烤漆房或红外线烤灯。温度上升不能过快，否则会产生气泡和橘皮。先升温至40℃左右，保持10~15min，作为预备干燥时间，然后升温至60~70℃，强制干燥约30min即可。

四、双工序面漆的喷涂

1. 双工序面漆

双工序面漆是指喷涂两种不同的涂料才能形成完整的面漆涂层的喷涂系统，通常是先喷涂色漆，然后再喷涂清漆，两种涂层共同构成完整的面漆层，如图4-4-1所示。色漆通常包括纯色漆、银粉漆、珍珠漆。纯色漆只含有纯色颜料，银粉漆含有铝粉，珍珠漆含有云母颜料。

2. 双工序面漆的整车喷涂步骤

下面以双工序金属漆为例，在进行了正确的遮护、喷前检查、调色及相关准备工作、调试喷枪、粘尘之后，然后进行面漆的施涂工序。

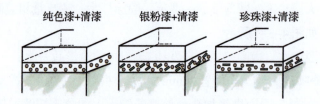

纯色漆+清漆　　银粉漆+清漆　　珍珠漆+清漆

图4-4-1　双工序面漆

双工序金属漆需要先在工件表面喷涂色漆层，然后喷涂罩光清漆。

（1）色漆层的喷涂

> **注意**：喷涂前应做好个人防护。

双工序面漆的色漆层也称为底色漆，其喷涂工序与单工序面漆喷涂相似，一般也采用三次喷涂：预喷涂—重喷涂—过渡层喷涂（表4-4-1）。

表 4-4-1　双工序面漆喷涂要点

步骤	第一次喷涂	第二次喷涂	第三次喷涂
目的	预喷涂	重喷涂，形成涂膜层，决定色调	过渡层喷涂，消除斑纹
喷涂手法	雾化喷涂	中湿喷	雾化喷涂
涂料黏度	16~18s（20℃）	16~18s（20℃）	14~16s（20℃）
空气压力	3bar	3bar	2.5bar
喷束直径	全开	全开	全开
漆流量	全开	全开	1/2~2/3
喷涂距离	25~30cm	25~30cm	25~30cm
喷枪运行速度	快	稍快	快
要求	以喷雾感沿车身表面整体薄薄地喷涂一层。该层可提高涂料与原有涂层的亲和力，同时确认有无排斥涂料的部位，如果有就在该部位加大气压喷涂，覆盖住涂料排斥部位	决定涂膜颜色，喷涂时不必在意出现的喷涂斑纹和金属斑纹，单层喷涂，喷枪移动速度稍快一点为好。丙烯酸聚氨酯涂料遮盖力较强，一般喷两次即可，但有的色调需要按第二次喷涂方法再喷涂一次	取金属漆和透明涂料各50%相混合。以消除喷涂斑纹和金属斑纹为目的，形成金属感。也可防止喷涂透明层时引起金属斑纹

注：1. 涂料黏度以涂4杯测量，喷枪口径1.3mm。
　　2. 表中数据仅为参考，具体参照生产厂商的说明。

（2）罩光清漆的喷涂

罩光清漆即透明涂料，一般采用两次喷涂（表4-4-2）。

表 4-4-2　双工序面漆罩光清漆的喷涂

内容	第四次喷涂	第五次喷涂
目的	罩光清漆预喷涂	精加工喷涂
喷涂手法	中湿喷	湿喷
涂料黏度	15~17s（20℃）	14~16s（20℃）
空气压力	3bar	3bar
喷束直径	全开	全开
漆流量	2/3	3/4 或全开
喷涂距离	20~25cm	20~25cm
喷枪运行速度	稍快	普通或稍慢
要求	不能喷得太厚，以防金属颗粒排列被打乱	边观察涂膜的平整度，边仔细喷涂。如果采用快速移动喷枪，往返两次覆盖，能得到很理想的表面色泽。尤其在车顶、发动机舱盖、行李舱盖等，覆盖两次为好

注：1. 涂料黏度以涂 4 杯测量，喷枪口径 1.3mm。

　　2. 表中数据仅为参考，具体参照生产厂商的说明。

3. 双工序面漆的局部喷涂步骤

图 4-4-2 所示为需要局部进行双工序面漆修补喷涂的一块翼子板，A 区域为修补区域（施涂中涂漆层区域）。

①准备好底色漆和罩面清漆。

②对施涂了中涂漆的部位使用 P500 砂纸进行打磨处理，并从 A 区域扩展到 B 区域，用研磨膏或 P2000 砂纸打磨 C 区和 D 区，直至消去漆面的光亮度，如图 4-4-2 所示。

③用脱脂剂清洁整个表面，除去粉尘、油渍、蜡质等污垢，再用粘尘布清除涂装表面可能存在的细小粉尘。

④将经过调色的底色涂料按照配比进行调配，装入喷枪的涂料罐，调整喷枪（压力约 2.5bar，喷幅约 10cm，漆流量 1/3 开度）。

⑤可先在有中涂漆层的区域薄薄喷涂一层透明涂料，以使所喷的金属漆更光滑。

⑥底色漆在 A 区分多次喷薄涂层，每层间隔 5min 左右，然后再喷涂扩展到 B 区，如图 4-4-3 所示。

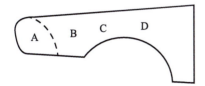

图 4-4-2　从 A 区域扩展到 B 区域

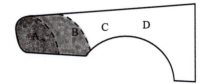

图 4-4-3　喷涂扩展到 B 区

⑦在C区进行最后一两层喷涂，并进行驳口处理，如图4-4-4所示。

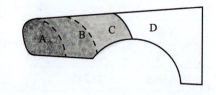

图4-4-4　在C区进行最后一两层喷涂

⑧将底色漆与透明涂料各50%混合，喷涂一两层，逐渐覆盖D区，薄薄地进行喷涂，以消除斑纹，调整金属感，同时兼有驳口（晕色）处理作用。

⑨静置15~20min，用粘尘布除去飞漆及尘灰。

⑩喷涂一两层罩光清漆，覆盖整个区域。可在D区喷涂界限以外喷涂驳口水，以溶解过多的漆雾，挥发15s左右，薄喷最后一层，如图4-4-5所示。

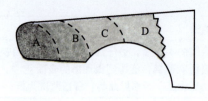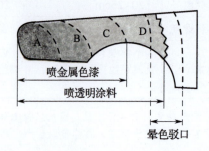

图4-4-5　在D区喷涂界限以外喷涂驳口水

五、三工序面漆的喷涂

1. 什么是三工序面漆

三工序珍珠漆的施工需要喷涂三种不同类型的涂料，即纯底色漆—纯珍珠漆—罩光清漆，各工序涂料调配比例应参照生产厂商提供的说明。

（1）底色漆

首先需要调配出底色漆的颜色，因为车身最终的颜色取决于底色漆的颜色。可在车身上找出一块只有底色漆没有珍珠漆与清漆覆盖的位置，例如门槛内边缘的表面，进行调色对比。

（2）珍珠漆

为了确定喷涂多少层珍珠漆才能获得需要的效果，施工中需要制作出一块珍珠漆膜厚渐变样板，与车身进行比对。因每位喷涂施工人员都有自己的特点，所以每位施工人员应该根据自己的技术和设备做出适合自己的珍珠漆膜厚渐变样板。

珍珠漆膜厚渐变样板制作过程：

1）先在样板上全面喷涂调配好的底色漆，达到完全覆盖，并晾干。

2）将样板分成六个部分分别进行横向遮护，如图4-5-1所示。

3）依次在这几个部分上喷涂珍珠漆，每次喷涂之间要有一定的流平时间，如图4-5-2所示。

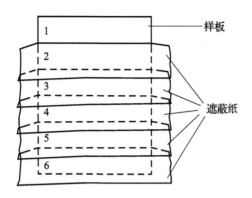

图 4-5-1　将样板分成六个部分分别进行横向遮护

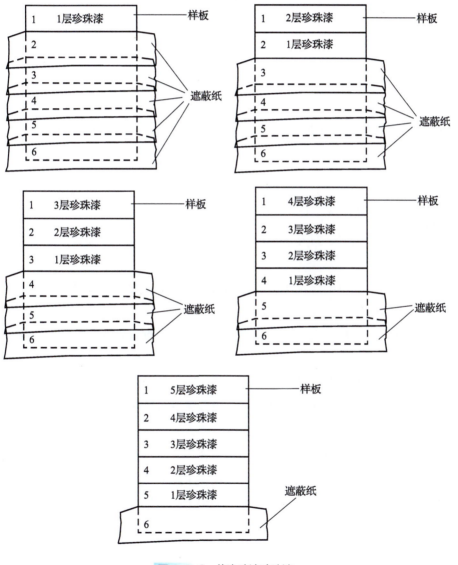

图 4-5-2　依次喷涂珍珠漆

4）揭去最后一层横向遮蔽纸，如图4-5-3所示，将样板烘烤到手指触碰干燥。将样板纵向遮蔽一半，喷涂清漆。

5）揭去遮蔽纸，并使样板干燥。将做好的珍珠漆膜厚渐变样板与车身颜色进行比较，就可以确定出需要喷涂几层珍珠漆，才能得到所需要的颜色，如图4-5-4所示。

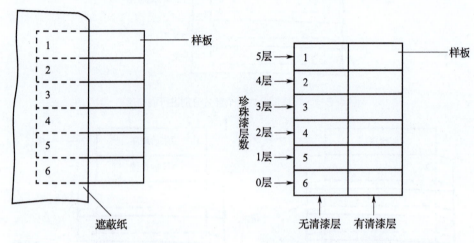

图 4-5-3　揭去最后一层横向遮蔽纸　　　　图 4-5-4　与车身颜色进行比较

珍珠漆调色时的注意事项：

①珍珠云母颜料的特性是在直射日光或类似光源下，会变得特别显眼，因此，调色与面漆喷涂作业两者的比色，需在直射日光或类似光源下实施。

②当比较物体颜色时，只有珍珠颜料的反射光。此时，不必理会色相、彩度和明度（颜色层）。

③依照珍珠云母颜料的添加量多少，涂料的珍珠感变化很大。因此，调色时，珍珠云母颜料的计量调色必须准确，且微调色时也须小心实施。

④由于珍珠云母颜料密度大，会很快沉淀，在使用稀释剂稀释后，这种倾向变得更明显，故在喷涂前，必须充分搅拌涂料。

⑤依据涂膜厚度或干湿喷的涂装方式不同，珍珠漆的颜色变化很大。因此，在调色时，喷涂试板的条件必须与实车涂装相同。涂装条件包含喷枪距离、喷枪速度、出漆量和喷涂次数。

⑥在珍珠漆调色的步骤中，可以再现的涂装条件是很重要的。在已喷涂颜色层的试板上，以一定条件喷涂半面试板珍珠层，并使漆干燥。待干燥后，以相同条件，在试板的另一半喷涂珍珠层，自然干燥后，将整个试板喷涂清漆。若试板的两侧呈现相同颜色，这表明喷涂条件具有再现性。若出现不同颜色，这表明喷涂条件不稳定。如果在这种状况下调配珍珠漆，就不可能正确调出所需颜色，因为调色时所具备的条件无法进行实车涂装（因为无法判断颜色的不同是由于不同的喷涂条件还是不同的调色步骤引起的）。因

此，在珍珠漆的实车喷涂时，确定与调色时完全相同的喷涂条件是极为重要的。

2. 三工序面漆的整车喷涂步骤

同银粉漆一样，珍珠漆（珍珠层）的喷涂也会有珍珠不均的现象出现。但是，银粉不均可以克服，而珍珠漆一旦形成珍珠不均，要完全消除是极为困难的。这是因为珍珠层所使用的珍珠云母颜料具有半透明特性。所以，必须使用银粉漆涂装中消除银粉不匀的技巧来喷涂珍珠层。

例如：加大喷枪距离并正确选择重叠幅度，以免产生珍珠不匀。不同涂膜区别如图4-5-5所示。

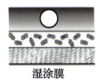　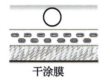　

湿涂膜　　　　　　　　干涂膜　　　　　　　　涂膜不均

图4-5-5　不同涂膜区别

1）涂料调配：根据涂料要求添加稀释剂。

2）涂料搅拌：珍珠层所含的珍珠云母颜料，其相对密度和重量通常比银粉颜料大，故必须彻底搅拌。在自然干燥时间，喷枪暂时不使用时，喷枪涂料杯内的涂料在喷涂前也必须搅拌。如果珍珠层涂料未彻底搅拌，将会造成珍珠不均或出现色差。

3）喷涂步骤。

> **注意**：喷涂前应做好个人了防护。

珍珠漆的区域修补必须遵照涂料厂家的涂装作业指示书实施作业。整车喷涂步骤见表4-5-1。

表4-5-1　整车喷涂步骤

喷涂步骤		喷涂距离	喷涂气压 /（kg/cm³）	喷枪出漆量
步骤一	先薄喷一层色漆层，再中湿喷涂一两层色漆，直至颜色完全遮盖	15cm	3.0	3圈
步骤二	挥发时间	10min（漆面亚光）		
步骤三	喷涂珍珠层（与调色时相同的喷涂次数）	25cm	2.5	3圈
步骤四	静置时间	10~15min（漆面亚光）		
步骤五	先薄喷一层清漆层（防止珍珠不均），再根据清漆要求进行最终喷涂	15~20cm	3.0	3圈

喷涂注意事项：

①在颜色层完成喷涂后，必须有一较长的自然干燥时间。

②若颜色层未充分干燥，则颜色层和珍珠层可能会混合，形成不同的颜色。若颜色层过度干燥（完全干燥），又会造成珍珠层与颜料层的附着不良。

③检查是否有灰尘或沙粒，若有则去除（由于珍珠层具有半透明特性，在后续作业是无法将灰尘隐藏的）。

④喷涂珍珠层时注意喷涂与调色时相同的珍珠层次数，并使光泽达到约50%的亮度。

⑤保持一个比较远的喷枪距离，以防止珍珠不均。

⑥建议将调色时所喷的试板放在烤漆房内，可一面比对颜色，一面核对喷涂次数。

3. 三工序珍珠漆点修补施工步骤

珍珠漆点修补的预防措施：

在点修补晕色或区域修补晕色时，会形成一层薄的匀色部分，其斜面的和缓与否极大地影响最终涂装品质，如图4-5-6所示。

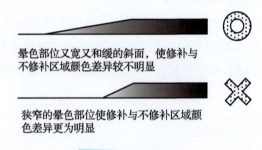

晕色部位又宽又和缓的斜面，使修补与不修补区域颜色差异较不明显

狭窄的晕色部位使修补与不修补区域颜色差异更为明显

图4-5-6　晕色部分

这恰好与银粉漆的晕色一样。颜色层晕色时，涂膜必须越来越薄。在点修补晕色或区域修补晕色时，当颜色层喷涂形成均匀晕色之后，珍珠层必须平坦地喷涂，形成均匀的晕色。如图4-5-7所示，颜色层部位由A到C。

当涂膜变得较薄时，就会出现穿透旧涂膜的反射情形。如果在这个部位的上面喷涂珍珠层，就会使晕色部位不明显，如图4-5-8所示。

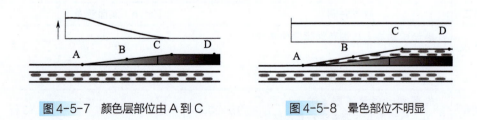

图4-5-7　颜色层部位由A到C　　　　图4-5-8　晕色部位不明显

点修补喷涂工艺步骤见表4-5-2。

表4-5-2 点修补喷涂工艺步骤

喷涂步骤		喷涂距离	喷涂气压 /（kg/cm³）	喷枪出漆量
步骤一 底层清漆	需在喷涂区域薄喷一两层	10~15cm	1.5	1 圈
步骤二 喷涂色漆	先薄喷一层色漆层，再中湿喷涂一两层色漆，直至颜色完全遮盖	10~15cm	1.5	1.5 圈
步骤三 色漆层晕色	在喷涂的色漆中加入 50%~60% 稀释剂，喷涂时向外	10~15cm	1.5	1 圈
步骤四	挥发时间	10min（漆面亚光）		
步骤五 珍珠漆浑浊 喷涂 1	在已混合的珍珠漆中按 90%：10% 添加色漆，在色漆过渡区域喷涂一两层	10~15cm	1.5	1 圈
步骤六 珍珠漆浑浊 喷涂 2	在已混合的珍珠漆中按 99%：1% 的比例，在上层接口位置实施扩大喷涂	10~15cm	1.5	1 圈
步骤七 珍珠漆	喷涂珍珠层（与调色时相同的喷涂次数），过渡区逐渐扩大	10~15cm	1.5	1 圈
步骤八	静置时间	10~15min（漆面亚光）		
步骤九 清漆层	先薄喷一层清漆层(防止珍珠不均)，再根据清漆要求进行最终喷涂	15~20cm	3.0	2 圈

喷涂时注意事项：

①根据涂料的不同，喷涂浑浊的珍珠层会改变颜色。若发现任何的颜色改变，须减少颜色涂料的比例。

②在实施点修补或区域修补的晕色时,喷涂底层清漆以防止在晕色部位涂料粉尘的附着，以及由于静电所造成的珍珠不均。珍珠层晕色部位喷涂过量的底层清漆时，晕色部位的测试方向就会显现出白色的区域。这是因为在珍珠层的晕色部位，珍珠云母颜料的排列变成时涂膜。

③若珍珠层是湿涂膜，珍珠云母颜料就会排列得较直立，此时珍珠云母颜料的反射就变成从侧面较显而易见，并且在珍珠云母颜料之间颜色层的颜色较易被看见。这就是侧面看起来较白的缘故。因此，在珍珠层的晕色部位不可喷涂过量的底层清漆，这是很重要的。

④在喷过颜色层的区域，底层清漆涂膜中的溶剂会渗透进入颜色层涂膜内。但是因为溶剂较稀薄，故不会渗透进入晕色部位或不修补部位。因此，在晕色部位或不修补部

位的珍珠层就会出现较湿的现象。

　　⑤若颜色层未充分干燥，则颜色层和珍珠层可能会混合，形成不同的颜色。若颜色层过度干燥（完全干燥），又会造成珍珠层与颜色层的附着不良。

　　⑥检查是否有灰尘或沙粒，若有，则去除之。

　　⑦由于珍珠层具有半透明特性，在后续作业是无法将灰尘隐藏的。

　　⑧保持一个比较远的喷枪距离，以防止珍珠不均匀。

　　⑨建议将调色时所喷的试板放在烤漆房内，可一面比对颜色，一面核对喷涂次数。

六、水性漆的喷涂

1. 水性漆的定义及特点

（1）水性漆的定义

　　水性漆就是以去离子水作为涂料的主要溶解物，能有效减少涂料中挥发性有机化合物（VOC）含量的涂料。

（2）水性漆的特点

1）特有的微胶抗沉淀技术，能让涂料的各成分均匀排列，金属色不会沉淀。

2）减少色差，不易出现发花现象。

3）节省油漆，采用侧滑式浆盖，能倒出最后一滴油漆。

4）遮盖效果好，能节约30%的涂料用量。

5）减少了VOC的排放。

6）降低了对操作人员的身体伤害。

7）对自然环境的破坏得到有效控制。

8）工具的清洗更加方便快捷。

9）100%符合国家排放标准。

10）高效、环保，涂膜表面光泽度好，客户满意度高。

11）使用方便，易驳口、易喷涂、减少抛光。

12）节省时间，平均总用时缩短75%。

13）油性漆是自然闪干，水性漆则需强制干燥。

2. 水性漆的调配

　　采用与油性漆一样的调配方法进行调配，选用水性漆专用稀释剂。

　　用过的洗枪水经过絮凝剂净化后还可以继续使用10次。

　　调配比例见表4-6-1。

表 4-6-1　调配比例

类型	色漆	稀释剂
双工序纯色漆、珍珠层底色漆	1	10%
双工序银粉漆、珍珠漆	1	15%
三工序的珍珠层	1	30%

注意：

1）水性漆只可以装在塑料罐里，不能存放于金属容器。

2）水性漆储存在5~35℃的环境中，若温度过低涂料有可能冻结，从而影响使用。

3）水性漆在储存时间上比油性漆要久，未开罐的可以存放4年，开罐没加稀释剂的可以存放1年，加过稀释剂的可以存放3~6个月。

4）若水性漆放于免洗枪壶中时，应倒置储存，以免杂质将滤网堵塞。

3. 水性漆的调色注意事项

水性漆与油性漆的调色操作流程一样，但在一些工具上有一定的差异。由于水性漆不需要搅拌，所以没有了涂料搅拌架。除此以外，调色时还需要注意下列问题：

1）无需搅拌，只需来回晃动三四下便可，若次数过多将会破坏涂料颗粒表面的保护膜。

2）只能在塑料容器里进行调配（如铁器、纸杯都不可用）。

3）倒取涂料时漆罐口应与容器口近些，防止因为水性漆黏度较低的原因而导致涂料飞溅到别处。

4）添加完成后应立刻将涂料混合均匀，但是不要过多搅拌以免产生气泡。

5）水性漆的调色必须使用喷涂样板（样板为喷涂过环氧底漆的铁板、中涂底漆的铝板或是防水纸板），不可采用涂抹的比对方法，而且喷涂样板的方法必须与喷涂板件时一样。

6）在对水性漆进行调色时，要等色漆完全干燥后喷上清漆后再进行比对。

7）在过滤水性漆时，应使用125μm的防水尼龙漏斗。

4. 水性漆的喷涂步骤

（1）喷涂条件

1）喷涂温度应在25℃左右。

2）空气湿度要小于70%。

3）喷房风速在0.2~0.6m/s。

（2）喷枪的调整

喷枪的调整见表4-6-2。

表 4-6-2　喷枪的调整

类型	喷涂次数	出漆量	气压	扇形面
水性漆	1 遍	2 圈	1.2~1.5bar	1/4
	2 遍	2 圈	1.2~1.5bar	1/4
	3 遍	1 圈	1.0~1.2bar	全部打开
油性漆	1 遍	2 圈	2.0~2.2bar	1/4
	2 遍	3 圈	2.0~2.2bar	2/3
	3 遍	3 圈	2.2~2.5bar	3/4

水性漆的喷涂方法与其他漆并没有太大的区别，只是需要对表面进行空气的强制干燥，具体的操作方法如下：

第一遍：喷涂一个双层，先雾喷一次，无需吹干，接着再中湿喷一次（使用吹风筒距离板件约30cm处从板件的一侧约45°角位置开始强制干燥涂膜表面）。

第二遍：中湿喷涂一次后使用吹风筒吹干涂层表面。

第三遍：雾喷一次（主要是调整银粉颗粒的排列，保证颜色的准确性；若是纯色漆则不需雾喷）。

喷涂方法视频见二维码。

注意：

1）喷涂后若表面有尘点，可以待表面完全干燥后选用1000号的精磨砂棉进行干磨。若采用水磨，表面的水会将喷上的涂料全部洗掉，造成浪费。打磨完毕后再雾喷一次盖住打磨痕迹即可。

2）喷完色漆后，必须使用吹风筒将漆面完全吹干后再喷涂清漆。清漆的喷涂方法与油性漆一样：先中湿喷涂一次再湿喷一次即可。

3）若使用水性漆，在对板件进行清洁时与油性漆大不相同。首先用水性除油剂对板件进行除油，然后使用油性除油剂对板件清洁和粘尘后才可以开始喷涂。

一、汽车车身涂膜的缺陷与防治

1. 刷痕

1）现象：修补涂装采用刷涂施工时，涂膜干燥后产生未能流平的痕迹，使涂膜表面不平整、不光滑，如图5-1-1所示。

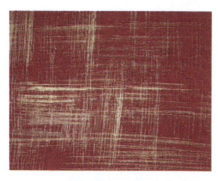

图 5-1-1　刷痕

2）原因：

①涂料的流平性差。

②涂料施工黏度高。

③刷涂技术不佳，操作不当，漆刷质量差。

④涂装环境气温低。

3）防治及处理：

①严格控制涂料质量，调整到最佳施工黏度。

②使用合适工具，正确地进行施工。

③必要时可添加少量高沸点溶剂。

④涂膜出现刷痕现象，应打磨后重新涂装。

2. 流挂

1）现象：涂料涂于垂直表面，在漆膜形成过程中湿膜受到重力的影响向下流动，使漆膜厚薄不均匀而呈流滴或挂幕下垂的状态，如图5-1-2所示。

2）原因：

①涂料中使用重质颜料或研磨不均。

②涂料黏度过低。

③所用溶剂挥发过慢或与涂料不配套。

④喷枪的喷嘴直径过大，气压过小。

⑤喷涂操作不当，喷涂距离和角度不正确，喷枪移动速度过慢，造成一次喷涂重叠，漆膜过厚。

⑥喷涂环境温度过低或周围空气中溶剂蒸气含量过高。

图5-1-2　流挂

⑦在光滑的旧漆膜上涂新漆时，也易发生流挂。

3）防治及处理：

①调整涂料配方或添加阻流剂。

②正确选择溶剂，注意溶剂的溶解能力和挥发速度。

③提高喷涂操作熟练程度，喷涂均匀，注意正确的行枪距离和角度，一次不宜喷涂太厚。

④在旧漆膜上涂新漆要预先打磨。

⑤加强换气，施工场所的环境温度保持在15℃以上。

3. 橘皮

1）现象：喷涂涂料时，湿膜不能充分流动，未形成平滑的干漆膜面，出现似橘皮状凹凸不平的痕迹，如图5-1-3所示。

图5-1-3　汽车漆面橘皮

2）原因：

①喷涂施工时，涂料黏度过大。

②喷枪口径大小不适，压缩空气压力低，出漆量过大，导致雾化不良。

③喷枪离被涂面的距离过远。

④空气及被涂物的温度偏高，喷涂室内过度通风，溶剂挥发过快。

⑤喷涂厚度不足。

⑥晾干时间过短。

3）防治及处理：

①调整涂料黏度，在涂料中添加挥发速度较慢的溶剂或改性硅烷流平剂，延长湿膜的流动时间，改善涂料的流平性。

②选择出漆量和雾化性能良好的喷涂工具，压缩空气压力调整适宜，使涂料达到良好的雾化。

③调整喷涂距离。

④控制漆膜厚度，一次喷涂到规定厚度。

⑤保持被涂物温度在50℃以下，喷漆室内气温应维持在20℃左右。

⑥适当延长晾干时间，不过早进入高温炉烘干。

⑦若出现橘皮现象，待色漆完全干固后，视橘皮的情况，用水砂纸或粗研磨剂磨去橘皮，进行补涂。如果情况严重，用水砂纸整平，并重新喷涂。

4. 水泡

1）现象：在潮湿天气，少量的水汽被吸入涂层里，然后在干燥的环境中再次蒸发渗透，如图5-1-4所示。

图 5-1-4　漆面水泡

2）原因：

①海边的盐雾等腐蚀性极强的空气导致漆膜产生水泡。

②要喷涂的表面未经彻底清洁，残留污染物被留在涂层下的表面或各涂层之间。

③涂装作业时，水磨操作完成后，未给予足够的表面残留水分挥发时间，就进行了下一道涂层的施工。

3）防治及处理：

①用干净的水彻底清洁要喷涂的表面，经常更换打磨用水和清洁用水。

②尽量使用干打磨以防止打磨时涂膜对水的吸收。

③使用水磨时，给予充分的时间让表面残留水分挥发。

④经常对车身漆面进行保养，延缓漆面老化。

⑤彻底磨掉缺陷涂膜，清除受影响区域，直至情况良好涂层，必要时，可以清除缺陷涂层至金属。

5. 抛光痕

1）现象：在涂层表面出现非常细且偏灰色低光泽线条，如图5-1-5所示。

图5-1-5　汽车漆面抛光痕

2）原因：

①漆膜没有干燥固化、漆膜太厚、不正确的固化剂选择和固化剂添加量，都会导致漆面产生抛光痕。

②在抛光机上施加过大的压力。

③在抛光的过程中，抛光机的抛光轮倾斜了。

④选择错误的抛光蜡。

⑤被抛光的工件刚从烤房中取出或在直射的阳光下抛光，使表面温度太高。

3）防治及处理：

①确保正确的膜厚范围，注意干燥时间以及固化剂和稀释剂的正确选择。在抛光前，让漆膜充分干燥。

②使用正确的抛光头施工，抛光时不要过分按压抛光头，也不要倾斜抛光头。

③不要使用太粗糙的抛光蜡。

④不要在直射阳光下抛光。

⑤重新用高光泽抛光蜡抛光。

6. 水迹

1）现象：含有矿物盐分的水溶液落到漆面干燥后形成的发白色斑点状水斑纹，通常斑纹的内部区域无损伤，而外部边缘轻微凸出，如图5-1-6所示。

图 5-1-6 汽车漆面水迹

2）原因：

①新涂装的漆膜还未完全干燥固化就沾上水渍。

②漆膜施工较厚，以至干燥不良。

③不正确的固化剂，或错误的固化剂配比。

④雨水斑。

3）防治及处理：

①确保新喷涂料使用了正确的固化剂，调配比例正确，喷涂层数正确。

②雨水过后及时擦干车身。

③先水洗，之后用细抛光蜡抛光，并用高光泽抛光法恢复光泽。更严重的情况，需要打磨重涂。

7. 露底（覆盖不良）

1）现象：因涂料的遮盖力差或喷得太薄，透过漆膜可以看见下层表面的颜色，这种情况常常发生在难以喷漆的区域，如车身下保护板或尖锐的边角处，如图5-1-7所示。

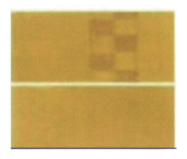

图 5-1-7 露底（覆盖不良）

2）原因：

①喷涂方法不当。

②慢干稀释剂干燥时间太长，在未达到足够漆膜厚度前形成了垂流。

③涂料混合不均匀或过分稀释。

123

④由于研磨、抛光过度，减小了色漆层的厚度，或喷涂层数太少。

⑤使用了劣质不良的稀释剂。

3）防治及处理：让漆料略干后重喷或将缺陷区域打磨平，然后重新喷漆。

8. 失光（失去光泽或低光泽）

1）现象：漆膜干燥前光泽丰满，干燥后缺少光泽或漆膜光泽逐渐消失。

2）原因：

①底漆原因。

②稀料或固化剂太差或不配套。

③涂料调配或喷涂方法不当。

④湿度太大或温度太低。

⑤车体受污染。

⑥清洗及抛光方法不当。

⑦面漆或清漆喷得太薄。

3）防治及处理：

①防治：

a. 使用合格的底漆，要等底漆层充分干燥后再在其上喷涂面漆。

b. 只使用推荐型号的稀料和合格的固化剂。

c. 要充分搅拌涂料，保证喷漆环境符合要求，按照正确的方法进行喷涂，喷涂厚度适当。

d. 彻底清理基底表面。

e. 要保证漆膜在温暖、干燥的条件下进行干燥。

f. 干燥过程中，漆膜表面要有适当的空气流动。

g. 喷涂面漆之前，应当用清洁剂擦拭底漆层，彻底清洁表面。

h. 禁止在新喷涂的漆膜表面使用强力洗涤剂或清洁剂。漆膜未充分固化之前，不得对其进行抛光。抛光时一定要使用正确规格的抛光蜡。

i. 喷涂间应排气适当，避免脏空气在烤房中积聚。如使用直接点火式烤漆房，应正确使用燃油。

②处理：让漆膜层硬固，用粗蜡研磨表面或用P1200砂纸磨光，然后进行抛光，即可恢复正常的光泽。如果失光严重，用以上方法仍得不到满意的效果，则应将面漆层磨平，然后重新喷漆。

9. 缩孔\鱼眼（弹孔、走珠）

1）现象：漆膜表面出现大量的从针孔到直径1cm的火山口状空洞或凹痕，如

图5-1-8所示。通常大尺寸的凹痕单独出现，而小凹痕则以较小密度成片出现。在凹痕的中心一般可发现有小的杂质颗粒存在，类似鱼眼形状。

a）空气爆裂形成的缩孔

b）表面湿气和油污形成的鱼眼

图5-1-8　缩孔/鱼眼

2）原因：漆膜表面张力发生变化。

①喷漆环境中或基底表面上存在含硅的有机化合物。

②其他污染源。

③底漆中含有不匹配的成分。

④喷漆室内蒸气饱和。

3）防治及处理：

①防治：

> a. 将喷涂表面上的含硅类抛光剂彻底清除掉。禁止在喷漆车间使用含硅类的抛光剂。
>
> b. 利用除蜡脱脂剂彻底清除基底表面。不得让清洁剂自然挥发干燥，而应该用清洁的干布将基底表面擦干，每块布只能擦拭一次。打磨前要清洗基底表面，清洗面积要大于准备打磨面积。打磨完毕，一定要将磨屑从基底表面清除干净，然后再用清洁剂清洗一遍基底表面，才能开始喷漆。要保证喷枪、进气管上的油水分离器和压缩空气设备得到良好的维护。

②处理：如果鱼眼不多、体积较小，可抛光清除；情况严重时，将缺陷区域的漆层彻底清除，然后按上述规程处理基底表面后，重新喷漆。在极端情况下，有时还需要在涂料中添加抗鱼眼添加剂（防走珠水）。

10. 针孔（坑洞）

1）现象：涂料在涂装后由于稀释剂急剧挥发，漆液来不及补充，而出现针孔状小孔或像皮革毛孔一样的现象，如图5-1-9所示。

图5-1-9　针孔（坑洞）

2）原因：

①稀释剂中低沸点类溶剂用量过多。

②被涂物表面不良。

③流平时间不足，进烘房后升温过急，表面干燥过快。

④压缩空气或涂料、稀释剂中含有水分。

⑤被涂物的温度过高或喷涂得太厚。

⑥涂料搅拌后产生的气泡未消失就施工或施工压力太大。

3）防治及处理：

①防治：

> a. 注意稀释剂的搭配使用，控制低沸点溶剂的用量，或使用专用稀释剂。
>
> b. 喷涂前应将被涂物表面进行打磨光洁，用原子灰填平小孔后再喷涂。
>
> c. 烘烤前一定要放置15~20min，再进烘房逐渐升温烘烤。
>
> d. 改善施工环境，用正确的喷涂温度及喷涂气压，一次喷涂不宜太厚。
>
> e. 涂料搅拌后应静置一段时间，等气泡消失后再喷涂。

②处理：细小针孔可以用P1200砂纸将漆膜磨至底漆层，填补针孔；或用湿式或干式法磨平受影响针孔漆膜后重喷，不可以弄平底漆连续干喷来填平。

11. 气泡

1）现象：在涂装的过程中，漆膜表面产生气泡状小圆点突起，或在涂膜内部有空气膨胀透过漆膜，如图5-1-10所示。

2）原因：

①补平时由于原子灰、填眼灰或底漆的施工方法不当、涂刮技术不良，导致空气进入漆膜。

②漆膜连接处的羽状边处理不当。

③漆膜盖在缝隙或死角上，使漆膜下面形成空隙。

④由于使用劣质稀料或使用的稀料不足，或者压缩空气的压力太高或干喷涂等原因在底漆内形成气泡或气孔。

⑤没有正确地处理及封闭基底，特别是在喷涂玻璃钢表面时。

⑥烘干漆膜时温度太高。

3）防治及处理：

①防治：

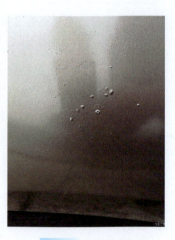

图5-1-10　气泡

a. 正确地使用原子灰、填眼灰或底漆，使用正确的工艺，避免填入气泡。

b. 正确地制作羽状边。

c. 避免一次性喷涂过厚，以保证涂料渗入缝隙或死角。

d. 使用推荐的稀料并按照正确的喷涂工艺操作。喷涂底漆时要喷得薄而湿。

e. 检查基底有无气孔，特别注意玻璃钢表面胶衣层内的气泡。仔细清理并封闭基底。

f. 烘干漆膜时，要防止温度太高。

②处理：根据气泡的深度将相应的漆膜全部磨掉，修补好下层缺陷后，重新补喷。

12. 咬底

图 5-1-11　咬底

1）现象：上层漆将底层漆的漆膜软化，产生皱纹、膨胀、气泡现象，如图5-1-11所示。

2）原因：

①底、面涂层不配套。

②上层漆的稀释剂溶解力太强。

③底层未干透就涂面漆，或底、面涂层间隔时间不合理。

3）防治及处理：

①防治：

a. 选择配套体系施工。

b. 选择与底层相同的溶剂作为稀释剂。

c. 注意两层之间的施工间隔时间。

②处理：将缺陷区域的漆膜打磨掉，打磨时要注意不要露出能引起同样问题的漆膜，将打磨后的表面封闭后，重新喷漆。缺陷特别严重时，将漆膜打磨至基底，然后重新喷漆。

13. 丰满度不良

1）现象：同一被涂物上涂料施工次数太多，或涂膜涂得很厚，但外表面显得干瘪、很薄。

2）原因：

①涂料黏度低。

②底材不平滑，且吸收涂料。

③过量加入稀释剂。

3）防治及处理：

①防治：

> a. 选用固体分高的涂料。
>
> b. 用砂纸打磨或用封闭底漆进行封底。
>
> c. 严格按工艺要求进行稀释。

②处理：对缺陷部位进行打磨然后重新喷涂。

14. 模糊 / 起雾

1）现象：漆膜表面呈现乳白色的薄雾。

2）原因：水汽凝结在湿漆膜内。

①喷漆时天气寒冷、潮湿。

②使用的稀释剂干燥速度太快或质量太差。

③压缩空气的压力太大、喷枪调整不当。

④利用压缩空气吹拂漆膜，试图加速溶剂挥发。

⑤喷漆室内有穿堂风，或者加热时空气流动不充分。

3）防治及处理：

①防治：

> a. 在可能的情况下，应避免在阴雨、寒冷或潮湿的天气喷漆并让漆膜自然干燥。否则应使用不起雾稀料。
>
> b. 降低压缩空气的压力，以减小冷却效应。
>
> c. 使用适当等级的优良稀释剂。
>
> d. 保证喷漆室内适当加热、排风，要避免穿堂风。

②处理：漆膜起雾轻微时，待漆膜完全固化后可用抛光的方法将其修复。漆膜起雾比较严重时，可将漆膜表面磨平，然后使用适当等级的稀料或不起雾稀料重新喷涂。若上述方法不能奏效，可将喷漆室的温度升高5℃以上，要避免直接吹穿堂风，将缺陷部位打磨平，然后再重新喷涂。

15. 泛白 / 发白（白雾钝光）

1）现象：挥发性涂料在施工过程中，涂膜表面呈现乳白色泽外观模糊，光泽降低。这是由于漆内溶剂急速挥发，使表面温度降低，导致大气中湿汽渗入漆膜分子内造成的，常被误为"表面发花"，如图5-1-12所示。

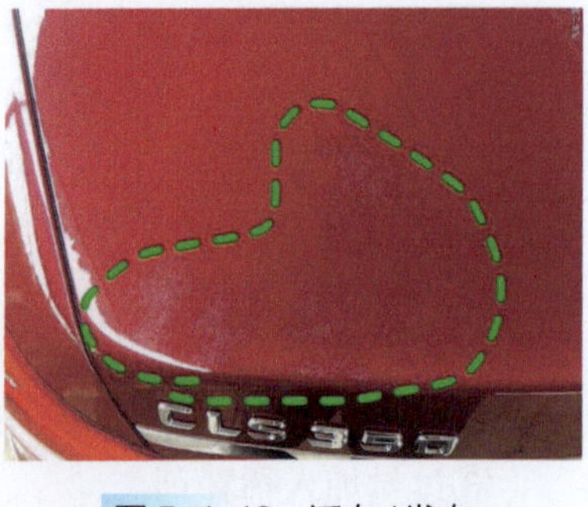

图 5-1-12　泛白 / 发白

2）原因：

①施工湿度太大，稀释剂挥发速度过快。

②喷涂设备中含有太多水分。

③被涂物的温度低于室温，或在寒冷的场地喷涂，缺乏加热。

④使用了不良的稀释剂，涂料或稀释剂中含有水分。

3）防治及处理：

①防治：

> a. 湿度大时不可施工或对喷漆室加热后再施工，或采用防潮剂（化白水）来加以防治。
>
> b. 清除喷涂设备中的水分。
>
> c. 涂装前对被涂工件加热，使其温度高于环境温度。
>
> d. 使用良好的稀释剂，使用的涂料和稀释剂应无水分。

②处理：轻微发白时，等漆膜完全干硬，用抛光蜡打磨可除去缺陷；较严重时，在该区域施喷慢干稀释剂，当发白现象严重时，采取对面漆打磨后再重新喷涂面漆的方法来清除。

注意：当发现色漆层发白时，底漆亦可能被湿气损伤，目视不易发现，但以后可能出现"起痱子"或膜层间附着不良的弊端。

16. 渗色

1）现象：喷涂的面漆把底层漆的漆膜软化或渗入溶解，使底层漆的颜色渗透到新喷面漆中，从而使漆膜表面变色。

严重时漆膜颜色完全改变，通常在红色漆、褐色漆或黄色漆表面喷漆时会发生此现象。

2）原因：

①底漆的有机颜料被面漆溶剂所溶解，使颜料渗入到面漆层中，或底漆未干就喷涂面漆。

②底漆为深色，面漆为浅色，容易引起渗色。

③面漆涂层中含有溶解力强的溶剂。

④喷涂设备未清洗干净。

⑤旧面漆未进行适当的封闭。

3）防治及处理：

①防治：

a. 应等底层漆膜干透后再涂面漆。

b. 采用与面漆层颜色相近的中涂层过渡。

c. 采用挥发速度快且对底层漆溶解力小的溶剂或底面漆配套。

d. 彻底清洗所有设备。

e. 可先做试验，如有渗色现象，须封闭后再喷涂。

②处理：打磨到原漆膜，完全清除缺陷漆膜，喷涂封闭底漆将原漆膜封闭，然后重新喷涂。

17. 浮色、浮流或浮印

1）现象：在含有混合颜料的涂料中由于颜料颗粒的大小、形状、密度、分散性、内聚性等不同，使漆膜表面和下层的颜料分布不均匀，各断面的色调有差异，出现犹如银色霉斑、浮印的现象。

2）原因：

①复色漆中所选颜料的密度差异较大。

②配制复色漆的色浆分散性达不到要求，或分散方法和分散设备选用不合理。

③极高或极低的雾化气压。

④施工黏度较低。

3）防治及处理：

①防治：

a. 改进涂料配方，选择合适的颜料。

b. 改进分散方法，选择合适的研磨设备。

c. 避免极端的气压，避免厚层湿喷，特别是在喷银底色漆时要尤其注意。

d. 提高施工黏度。

②处理：如已发生浮色现象，可在原面漆上再薄喷一层合格的同色面漆，即可清除浮色现象。

18. 条纹状颜色效果

1）现象：在涂装过程中，涂膜的颜色局部不均匀，出现斑纹、条纹和色相杂乱的现象，如图5-1-13所示。

2）原因：

①喷枪每次喷扫间的重叠不适当。

②喷枪拿得过分靠近表面。

③喷枪喷幅过窄，喷涂不均匀，气压不稳定，喷嘴调整

图5-1-13 条纹状颜色效果

不正确。

④层与层间静止时间太短。

⑤施工的温度和所用的稀释剂不合适。

⑥喷涂设备未清洗干净。

3）防治及处理：

①防治：

> a. 选用合适的喷枪和喷嘴（口径）。
>
> b. 喷涂时保持喷枪与喷涂表面平行。
>
> c. 喷枪的每次喷扫至少应重叠50%（银粉漆最后层喷涂建议最好重叠60%以上）。

②处理：如已出现条纹状，可在被涂物表面再喷涂面漆，或让漆膜干固，然后湿磨并重喷。

19. 起皱、皱缩、皱纹

1）现象：在漆膜干燥的过程中，由于里层和表层干燥速度的差异，涂膜表面急剧收缩向上收拢，使得漆面鼓起、起皱、软化、膨胀，出现凹凸不平的现象，如图5-1-14所示。

2）原因：

①涂膜喷涂过厚，造成涂膜表干里不干。

②各涂层间干燥时间不足，或高温加速烘烤干燥，或在烈日下暴晒。

③在污染空气中干燥涂膜。

④自干时，环境条件不良，如低湿、高温，或喷后表面空气流动量过大。

⑤烤房中空气污浊，通风不良。

⑥不合适的底材或底材没完全固化，或对溶剂敏感。

图5-1-14　起皱

3）防治及处理：

①防治：

> a. 增加喷涂的次数，保证涂膜正常厚度。
>
> b. 按照各种原料涂膜干燥技术条件规范施工。
>
> c. 检查烘干室内空气的污染情况，并调整。
>
> d. 检查烤漆房并调整。

②处理：首先让漆膜充分固化。对于轻微缺陷，将其打磨平，然后抛光即可。若缺

陷严重，则需将漆膜打磨到基底，然后重新喷漆。

20. 清漆层脱皮

1）现象：清漆层整片揭起脱落。

2）原因：

①底色漆层漆膜太厚。

②静止和干燥时间太短。

③底色漆溶剂未挥发干净，有留存。

④使用了不匹配、不相溶的材料。

3）防治及处理：

①防治：按正确的方法施工，喷涂正常厚度的底色漆层和清漆层。

②处理：打磨脱皮的范围，然后重新喷涂。

21. 附着力不强 / 涂膜剥落

1）现象：由于涂层附着力差，受外力作用产生涂膜成块或整片脱落的现象，通常在取下遮盖用贴边胶带时就发生。

2）原因：

①被涂物表面太光滑，打磨不足。

②被涂物表面受到污染，如蜡、油脂、有机硅、水、湿气、铁锈等，涂层表面处理不合理。

③底、面漆不配套，或底漆与底材不配套。

④底漆未干就喷面漆，或底漆干固多日后未做进一步清洁处理。

⑤稀释剂的溶解力差。

⑥静止或烘干时间太短。

⑦喷漆时，底材表面温度过高或过低。

⑧喷涂间温度变动不定，造成漆层表面收缩。

⑨在除去遮边胶带前让面漆干固太久。

3）防治及处理：

①防治：

a. 涂装前应适当打磨被涂物表面。

b. 涂装前应彻底清洁被涂物表面，确保施工面干燥、无污染。

c. 选择与底材配套性好的底漆和面漆。

d. 底漆干透后再喷面漆。

e. 使用配套良好的稀释剂。

f. 喷涂时要保证被涂物表面温度在施工允许的范围内。

g. 在适当时机用胶带粘贴及除去遮盖和胶带。

②处理：铲除至裸铁皮，然后重喷。

22. 色差（颜色偏差不相等）

1）现象：涂装完的涂膜色相、明度、彩度与标准板或整车的色相、明度、颜色有差异，如图5-1-15所示。

2）原因：

①使用的材料不同或不配套。

②涂料混合不均匀。

③涂膜由于风吹日晒雨淋而褪色。

④喷涂方法不当，太湿或太干，或不正确的喷枪口径和喷涂压力。

图 5-1-15　色差

⑤颜色异构现象（不同的光线下漆膜颜色发生变化）。

⑥配色不准确或差异色配方选择错误。

3）防治及处理：

①防治：

a. 使用推荐的材料。

b. 保证涂料按比例充分混合。

c. 采用正确的喷涂方法，如配色有困难，可采用"柔和"喷涂法。

d. 正式喷涂之前，先将调配好的涂料喷一块板并在不同的光线下从不同角度观察，比较其与原车身颜色的差异，确保配色准确。

e. 使用制造商的颜色代码来选择正确的颜色配方。

②处理：将缺陷区域打磨平，然后用正确的颜色重新喷涂。

23. 聚银、斑点（金属闪光色不匀）

1）现象：在喷涂金属闪光面漆时，因涂料流挂或喷涂厚薄不均匀、所选用溶剂与涂料不配套，而使涂膜外观不均匀，使银粉、珍珠色离位。

2）原因：

①涂料的黏度过低或过高。

②漆膜厚薄不均匀。

③面漆与罩光漆采用"湿碰湿"施工工艺的间隔时间过短。

④施工空气压力过高或过低，不正确的喷枪口径，或输漆量多、雾化差。

⑤环境温度低。

⑥用了不合适的稀释剂。

3）防治及处理：

①防治：

> a. 涂料的黏度在施工工艺的范围内，金属漆的施工黏度比一般漆料要低。
>
> b. 保证每道涂膜厚度均匀。
>
> c. 严格按照施工工艺进行喷涂，保证每道漆之间的间隔时间。
>
> d. 喷涂的压力和喷嘴口径选择合理，并保持喷枪与喷涂表面平行。
>
> e. 选用相配套的稀释剂。
>
> f. 保证环境温度满足工艺参数的要求。

②处理：在清漆干燥后，将缺陷部位打磨至下一层，然后重新喷涂。或在喷清漆前，先喷上薄覆盖层。

24. 干燥不良／漆膜软

1）现象：漆膜干燥时间太长或不能充分固化，出现漆膜发软、硬度低、附着力差的现象。

2）原因：

①底漆未干就喷面漆（自干型涂料）。

②漆膜太厚。

③喷涂或干燥的环境条件不良，如太冷、太湿，或者空气流动差。

④各道漆间的流平时间不足。

⑤稀释剂的用量不足、型号不对或质量太差。

3）防治及处理：

①防治：

> a. 底漆干透后再喷涂面漆。
>
> b. 喷涂的漆膜要薄而湿。
>
> c. 要使喷涂环境保持温暖、通风，避免在过湿的环境下进行喷涂。
>
> d. 各道漆间要保证足够的流平时间。
>
> e. 按比例使用推荐的稀释剂。

②处理：将车辆移至温暖、通风的地方，稍稍加热以改善漆膜的干燥速度，但要注意防止漆膜起皱。

25. 灰尘（尘埃）、颗粒

1）现象：涂装后，在涂膜表面局部或整个表面呈现大小不规则、突起颗粒的现象，如图5-1-16所示。

2）原因：

①来自衣物上的灰尘、污物或线头，或者从装饰件边缘、钣金连接处吹落的杂质及地板灰尘，在喷涂时落到湿的漆膜上。

②空气过滤网老化未更换，压缩空气未过滤或未过滤干净。

图5-1-16　灰尘（尘埃）、颗粒

③喷漆前未将基底表面上的灰尘彻底清除和清洁干净。

④喷漆时或喷漆后不久，空气中飘浮的微粒落在并进入漆膜中。

⑤盛涂料或稀料的容器敞口或生锈，导致灰尘混入涂料中。

⑥喷漆房气压过低。

⑦在喷漆区域内进行干磨、碾磨等。

⑧使用旧的有灰尘的遮盖纸张。

3）防治及处理：

①防治：

> a. 喷漆前要保证衣物清洁无尘，并将装饰件边缘或钣金连接处的灰尘吹干净及地板弄干净。
>
> b. 喷涂每层漆之前，都要用清洁剂及粘尘布清理表面。
>
> c. 要保持喷漆室干净无尘，喷漆室内禁止打磨操作。必要时，可将喷漆室四周及地面弄湿，要保证空气过滤系统正常工作。
>
> d. 要保持所有材料和喷涂物整体清洁，材料容器要密封，使用涂料之前要过滤。

②处理：先让漆膜完全固化。对于轻微的颗粒，可用P1200以上砂纸打磨平，然后抛光。如果杂质颗粒陷得较深，则要将漆膜磨平，然后重新喷涂。

26. 干喷

1）现象：喷涂过程中漆雾飞溅或落在被涂面或漆膜上，使漆膜表面呈颗粒状粗糙结构，无光泽。

2）原因：

①涂料以粉末状的形式落在表面上。

②涂料黏度太高，使用的稀料不足或型号不对。

③喷涂方法不当，喷枪脏污，喷枪在表面移动过快，压缩空气的压力太高，喷漆时

喷枪离工件表面太远。

④喷涂时有穿堂风或空气流动速度太快。

⑤稀释剂太差或挥发太快。

⑥喷涂间温度太高。

3）防治及处理：

①防治：

> a. 按比例使用推荐的稀料，保证合适的黏度，在干热环境下，使用慢干稀释剂。
>
> b. 使用正确的喷涂方法，保持喷枪清洁，在保证涂料充分雾化的前提下，尽量将压缩空气的压力调低，喷枪与基底表面要保持适当距离。
>
> c. 要在喷漆室内喷漆，喷漆室内的空气流动保持适当速度。

②处理：将缺陷区域打磨平，然后抛光。若漆膜表面太粗糙用上述方法不能修复时，应磨平面漆表面，然后重新喷漆。对于银粉漆，必须将漆面磨平后重新喷涂。

27. 打磨砂纹（砂纸痕）

1）现象：漆膜在干燥的过程中，由于漆膜收缩，表面呈现出底漆表面的打磨痕迹或其他处理痕迹。

2）原因：

①底漆表面处理方法不当，砂纸太粗、打磨不平、填眼灰不足。

②底漆打磨前没有充分硬化就喷涂了面涂层，导致砂磨痕显现。

③漆膜的厚度不够，或干燥速度太慢。

④涂料未充分混合，使用的稀料型号不对或质量太差。

3）防治及处理：

①防治：

> a. 采用适当细度的砂纸，用填眼灰填补表面较深的砂纸痕，表面要磨平。
>
> b. 漆膜厚度要适当，干燥条件要正确。
>
> c. 要等底漆完全硬化之后，再喷涂面漆。
>
> d. 将涂料均匀混合，只使用推荐型号的稀释剂。

②处理：若砂纸痕较轻微，可将缺陷区域磨平，然后抛光即可。若砂纸痕较严重，则应打磨漆膜直至除掉原有的砂纸痕，然后重新喷漆。

二、划痕处理

汽车在使用过程中，由于摩擦、碰撞等因素，或不小心划伤漆面，会造成漆面出现深浅不一的划痕，如不及时进行处理，不但影响汽车的美观，而且会导致车身防腐性和耐磨性下降，进而影响汽车的使用寿命。

不规范的洗车也会对漆面造成伤害，如冲洗车辆时水枪压力过大、清洗程序或手法不正确，或表面附有尘埃时，用抹布或毛巾擦拭，使车漆表面出现微小划痕。

1. 漆面划痕类型

按照漆面划痕深浅的不同可分为浅划痕、中度划痕、深度划痕和创伤痕四种，如图 5-2-1 所示。

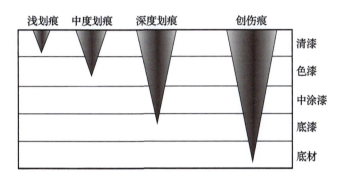

图 5-2-1　车身漆面划痕的类型

（1）浅划痕

浅划痕仅伤及表层的清漆透明层，对面漆的危害不大，可以用研磨抛光进行局部处理。

浅划痕的处理要根据漆面的状况及划痕的深浅来选择合适的研磨剂。研磨剂通常有三种，即深切研磨剂、中切研磨剂、微切研磨剂。对浅划痕一般采用后两者即可。对一般用手感觉不出凹陷的发丝划痕，可以直接进行抛光处理。注意抛光完成后必须进行还原处理和上蜡或封釉护理。

（2）中度划痕

中度划痕造成的损伤伤及色漆层，但未露出中涂层。这种损伤可以用彩蜡进行填补，之后抛光完成修复。

（3）深度划痕

深度划痕的划痕伤及面漆层甚至中涂层。深度划痕的基本修复方法主要有涂漆笔修复法、喷涂法和电脑调漆喷涂法。

1）漆笔修复法：用相近颜色的漆笔涂在划伤处。此法简单，但修复处漆膜附着力略差，易剥落且难持久，如图 5-2-2 所示。

2）喷涂法：采用传统补漆的方法来修复划痕。缺点是对原漆伤害面积过大，修补的时间过长，效果难尽如人意。

图 5-2-2　漆笔修复

3）电脑调漆喷涂法：结合电脑调漆并采用新的深划痕修补技术来修复划痕。这是一种快速修复方法，但要求颜色调配准确、修补的面积尽可能小，经过特殊溶剂处理后，能使新旧面漆更好地融合，达到最佳附着。

（4）创伤痕

创伤痕是指漆层受到损伤，露出底材的划痕。这种划痕较严重，无法用研磨的方法修复，一般需要通过补漆的方法修复。

2. 漆面失光、浅划痕修复

漆面失光老化后可以使用美容翻新的方法进行修复处理，如图 5-2-3 所示。修复步骤如下。

修复前　　　　　　修复后

图 5-2-3　修复前后对比

（1）车身清洗

选用专用的脱蜡清洗液将车身漆面粉尘、油渍、泥沙及污垢等污物彻底清洗干净，并擦干，不能留有水痕。清洗时尤其注意车身装饰、号牌、车标等部位不能有污物残留。

（2）漆面研磨

对车身漆面的老化斑痕以及浅划痕进行研磨处理，处理前要正确判断漆面的氧化程度、硬度和划痕的深浅，并针对不同的车漆和氧化程度等，采用不同的研磨剂和抛光方法。

1）损伤诊断方法：从车辆的不同角度观察车漆的亮度，通过感觉光线的柔和度、反射景物的清晰度等来判断。如果景物暗淡、轮廓模糊、有轻微划痕则需进行研磨处理。

2）研磨剂的选用：要根据漆面的状况和划痕的深浅选择合适的研磨剂。研磨剂通常有三种。

①微切研磨剂。微切研磨剂是柔和的研磨剂，研磨时对车漆损伤最小。

②中切研磨剂。中切研磨剂是较柔和的研磨剂，切割（摩擦）能力适中。

③深切研磨刑。深切研磨剂是切割（摩擦）能力最强的研磨剂。

3）漆面研磨方法：研磨时，首先用胶条和遮盖纸把车身上所有与漆面相邻的金属件和橡胶件的边缘部分以及诸如车标、字母等都遮盖起来，将抛光机调整好转速。依据研磨剂的成分决定湿抛还是干抛，湿抛时将抛光机的海绵轮用水充分润湿后，甩去多余水分，再取少量抛光剂涂于漆面，应每一小块进行一次处理，不可大范围涂抹。从车顶篷开始，抛光机的抛光盘应平放于漆面上，保持与漆面相切，不可随意进行。

（3）抛光

如果漆面划痕不明显，目测观察漆面景物暗淡、轮廓模糊，用手套上一层塑料薄膜纸来触摸漆面，如果感到发涩或有砂粒感时，可以不必进行研磨处理，直接进行抛光处理。

抛光处理时要用抛光机配合细的羊毛轮或海绵轮，以2200r/min左右的转速，力度要轻，均匀进行抛光作业，直到确认漆面没有遗留研磨后的圈痕与划痕，抛光过程完毕，如图5-2-4所示。

（4）还原

漆面抛光后往往会有一些极其细小的划痕或抛光环，为了保持漆面的平滑和光亮，必须进行还原处理。还原时使用还原剂或增艳剂配合细的羊毛轮或海绵轮，以不超过2500r/min的转速进行，力度要轻。漆面还原具体操作方法与研磨、抛光施工基本相同，如图5-2-5所示。

图5-2-4 抛光

图5-2-5 还原

还原处理所用的还原剂也叫密封剂，是处在蜡和漆中间的绝缘介质，能延长打蜡的抗氧化时间。还原剂有增光剂和还原剂两种，其中还原剂以消除划痕，还原车漆为主，增光剂是在还原剂的基础上具有增光和增艳的作用。

（5）打蜡或封釉

漆面经过研磨、抛光、还原工序处理后，为了延长修复后车漆保新时间，还应进行必要的打蜡或封釉等防护，经过这一系列的工序后维修翻新工作才完成。

3. 中度划痕和深度划痕的处理

深度划痕的修补和中度划痕修补方法相似，只是对划痕填充增加原子灰修补的工序。修复步骤如下：

（1）打磨

1）通过目测的方法确定损伤范围。

2）去除损伤部位的中涂层及面漆层。

3）将损伤部位的打磨边缘磨出一定坡度，以便涂装时完成顺利过渡。

（2）清洗、干燥

1）用专用清洗剂去除打磨表面的污物。

2）用吹尘枪吹净表面。

（3）喷涂中涂层

1）选择必备的喷涂设备和工具，根据选用的涂料对中涂层进行配比、过滤后涂装，完成中涂层的修补。

2）对不需要喷涂的部位进行遮盖，如图5-2-6所示。

图5-2-6　遮盖

3）中涂层修补后待其干燥后进行打磨，打磨时用320~400号的砂纸进行磨光，直到无粗糙感后清洁，并用粘尘布除尘后准备喷涂面漆。

（4）面漆涂装

1）第一道漆面。

喷漆：根据漆面的情况调配好合适的色漆，根据漆的技术参数按照规范操作技术要领进行第一层色漆喷涂。

烘干：调整烤漆房的温度对修补后的车漆进行烘烤。

2）第二道面漆。

喷漆、烘干与第一次相同。

打磨：待漆膜干燥后视其表面喷涂情况进行打磨，打磨主要以去除喷涂缺陷为主，一般选用400~500号的砂纸进行，然后再进行清洁烘干。

（5）清漆涂装

为了使修补后的车漆恢复涂装前的效果，应喷涂清漆，使修复后的车身焕然一新。

（6）抛光上蜡

按照美容养护的方法进行抛光上蜡，使修复部位和原车部位颜色一致，没有因修补产生的色差。

三、车漆受损常见情况

1. 氧化危害

危害程度：严重。

车漆褪色近99%是因氧化造成的。

车漆的主要成分是有机物，而有机物天生存在氧化特性，时间一久车漆就会发生氧化，使得色彩暗淡、失去光彩，没有新漆时光亮、漂亮。

2. 水垢危害

危害程度：中等。

洗车后留下很多小白点的痕迹就是水垢。

通常洗车都是用自来水或井水。这些水中含有大量的钙、铁等离子，如果洗车后未能及时将洗车水完全擦干，水分蒸发后，洗车水中的钙、铁等成分就会残留在车漆上，这些残留物如果不及时擦干净，会形成很坚硬的斑点，俗称"漆面结石"。"漆面结石"必须用研磨剂或抛光剂轻轻磨去，这样必然造成车漆磨损。

3. 划痕危害

危害程度：中等。

汽车在行驶过程中，因为速度较快，浮尘中的砂粒就会在车漆上划出一些细微划痕。

同样，在洗车时，漆面上的一些砂粒等会随着洗车海绵在漆面上摩擦，使车漆产生划痕。细微划痕一多，就会引起车漆颜色的失光、变暗。同时，车漆划痕还容易残留污物、酸雨，加速车漆的氧化进程，使车漆更容易变旧。

4. 鸟（虫）粪便危害

危害程度：严重。

鸟、虫到处飞行，其粪便很容易落到车漆上，虽然它侵蚀车漆的面积比较小，但由于具有很强的酸性，会使车漆完全软化，轻者使车漆变色形成斑点，严重时车漆会出现膨胀、龟裂等现象。

5. 铁粉危害

危害程度：严重。

在工厂附近，尤其是铁路、公路旁的空气中，存在着大量的金属粉尘（俗称铁粉）。汽车停止时，空气中的铁粉会浮落在车漆表面。汽车行驶时，因前进冲力的作用，铁粉会直接刺入漆面。刺入漆面的铁粉用平常洗车方法无法去除（用铁粉除去剂可以去除）。在诸多侵蚀车漆的有害物质中，对车漆的腐蚀都是从外往里慢慢进行的，唯独铁粉因能够刺入漆面，形成的是从外到里、从里到外的快速腐蚀，所以铁粉对车漆造成的侵害是非常严重的。

6. 酸雨危害

危害程度：严重。

酸雨（雾、雪）有较强的氧化性，它能与涂膜的所有成分发生化学反应，从而破坏漆面结构，大大降低车漆的装饰效果和防护能力。汽车漆面由于酸雨氧化而造成表面不光滑，甚至出现微小的斑点，再次降雨或洗车时，水滴就会在此停留，进一步造成更加严重的侵害。被酸雨损害的漆面无法恢复到新车状态，即使研磨抛光也无法根除酸雨的破坏。

7. 树胶危害

危害程度：严重。

春夏秋三季树木会不停产生分泌物，这就是我们通常所说的树胶。车辆停在树下，必然会有树胶落在漆面上，不干的时候还能洗掉，时间一长，树胶就会凝固在车漆表面无法洗掉。由于树胶具有很强的酸性，能够对车漆造成较大的侵害，一般会产生凹坑，严重时还会造成车漆龟裂，一旦出现凹坑和龟裂就很难修复了。